中國學術思想 研究輯刊

十五編

林慶彰 主編

第5冊

《春秋》內、外《傳》筮法之「八」考訂（下）

盧秀仁 著

花木蘭文化出版社

國家圖書館出版品預行編目資料

《春秋》內、外《傳》筮法之「八」考訂（下）／盧秀仁 著
— 初版 — 新北市：花木蘭文化出版社，2013〔民102〕
目 4+162 面；19×26 公分
（中國學術思想研究輯刊 十五編：第5冊）
ISBN：978-986-322-111-1（精裝）
1. 春秋（經書） 2. 左傳 3. 研究考訂
030.8   102001942

ISBN-978-986-322-111-1

9 789863 221111

中國學術思想研究輯刊
十五編 第 五 冊   ISBN：978-986-322-111-1

《春秋》內、外《傳》筮法之「八」考訂（下）

作　　者　盧秀仁
主　　編　林慶彰
總 編 輯　杜潔祥
出　　版　花木蘭文化出版社
發 行 所　花木蘭文化出版社
發 行 人　高小娟
聯絡地址　235 新北市中和區中安街七二號十三樓
　　　　　電話：02-2923-1455／傳眞：02-2923-1452
網　　址　http://www.huamulan.tw 信箱 sut81518@gmail.com
印　　刷　普羅文化出版廣告事業
封面設計　劉開工作室
初　　版　2013 年 3 月
定　　價　十五編 18 冊（精裝）新台幣 30,000 元

《春秋》內、外《傳》筮法之「八」考訂（下）

盧秀仁　著

目次

第五章　不變、可變、宜變之爭議與
　　　　筮法「之八」、「皆八」之關係

　　爲求《左傳》、《國語》「之八」、「皆八」筮例得解，眾家學者莫不鑿空心思、絞盡腦汁尋求突破。今有學者運用《繫辭》上傳所言「天地之數」及「大衍之法」〔註1〕求解三「八」筮例，且於筮法爻變之中，另將「變」爻，區分爲「可變」、「宜變」二義，然吾人卻於驗算推衍過程，發現諸般令人困惑之

─────────────

〔註1〕　按：高亨先生將「天一、地二……、地十」句，移置「天數五、地數五……此所以成變化而行鬼神也」句前，且依《周易正義》韓康伯版，將整段「天一、地二……而行鬼神也」接於「故再扐而後掛」之後、「乾之策」之前，且云：「此二十字（天一、地二……地十）原誤竄入下文，今據《漢書‧律歷志》引移正。」（參閱高亨：〈周易筮法新考〉，《周易古今通說》，收入《周易古經今注》（北京：中華書局，1989 年），卷首，頁 140。）今考《漢書‧律歷志》原文：「故《易》曰天一、地二、天三、地四、天五、地六、天七、地八、天九、地十。天數五，地數五，五位相得而各有合，天數二十有五，地數三十，凡天地之數五十有五，此所以成變化而行鬼神也。」（參閱〔東漢〕班固撰：〈律歷志上〉，《漢書》，收入《二十五史》（臺北：臺灣開明書店，1934 年），卷 21 上，頁 375。）其上、下並無其他相關《易》文可參，高氏之論，愚以爲恐采程頤（1033～1107）：「自天一至地十合在天數五、地數五上簡，編策其次也」之說而來，故采如是文句編排。（參閱〔南宋〕呂祖謙編：〈上繫〉，《周易繫辭精義》，收入嚴靈峯編輯：《無求備齋易經集成》（臺北：成文出版社，1976 年據清光緒十年「古逸叢書」景元至正九年積德堂刊本影印），第 15 冊，頁 345。）

疑點，因而對其立論之適當性產生懷疑，是以本文謹此詳予檢討，祈能達就正方家之盼。

第一節　不變、可變與宜變

自來學界所公認之《周易》古筮法，乃以《繫辭上傳》所言之「揲蓍法」為準：

> 大衍之數五十，其用四十有九，分而為二以象兩，掛一以象三，
> 揲之以四以象四時，歸奇於扐以象閏，五歲再閏，故再扐而後掛。

〔註2〕

此句代表着占筮成爻立卦過程中，筮者所需經營「揲蓍」之四個步驟，〔東漢〕陸績（187～219）將其分為：

> 分而為二以象兩，一營也；掛一以象三，二營也；揲之以四以象四
> 時，三營也；歸奇於扐以象閏，四營也。〔註3〕

自此歷來諸家均承其說。如〔東晉〕韓康伯（322～380）謂：「分而為二，以象兩，一營也。掛一以象三，二營也。揲之以四，三營也。歸奇於扐，四營也。」〔註4〕〔北宋〕蘇東坡（1037～1101）亦曰：「分而為二，一也；掛一，二也；揲之以四，三也；歸奇於扐，四也。」〔註5〕此四步驟於《繫辭》中即謂之「四營」，歷代諸家均奉為筮法的準。〔唐〕孔穎達（574～648）云：「營謂經營，謂四度經營蓍策，乃成《易》之一變也。」〔註6〕是以每一個「四營」代表一變，三變成一爻，故每一爻之成立，須經三次「四營」之步驟，所以

〔註2〕　十三經注疏本《周易正義》（北京：北京大學出版社，2000年），卷第7，頁328～330。

〔註3〕　〔唐〕李鼎祚輯：《周易集解》，收入嚴靈峯主編：《無求備齋易經集成》（臺北：成文出版社，1976年據〔清〕乾隆二十一年雅雨堂刊本影印），第10冊，卷14，頁691。

〔註4〕　同註2，頁331。

〔註5〕　〔北宋〕蘇軾：《東坡易傳》，收入景印《文淵閣四庫全書・經部3・易類》（臺北：臺灣商務印書館，1983年），第9冊，卷7，頁129。

〔註6〕　同註2，頁332。

占筮立卦總計六爻十八變，亦即須歷十八次四營之動作。〔南宋〕朱熹（1130～1202）且爲此言：

> 四營成易，正爲「易」字即是「變」字，故其下文便以十有八變承之。再扐後掛，即所謂再揲、三揲者，是又一四營也。凡爲四營者三，乃成一爻；爲四營者十八，乃爲一卦，此以積數文義求之，皆無所礙。〔註7〕

朱熹稱四營成易之「易」字即爲「變」意，是以下文承以「十有八變而成卦」之句。再扐後卦，即指「再揲」、「三揲」又一重覆「四營」之動作。凡三次四營則成爲一爻，十八次「四營」即成一卦，此以累計方式推演，咸無疑礙。若此《繫辭》所謂：「是故四營而成易，十有八變而成卦」〔註8〕之實質內涵猶曉然著白。

　　每一爻之成立，皆經三變過程，第一變歸於扐中者，非五即九；第二、三變非四即八。八、九謂之多，四、五謂之少。凡三變於扐中之著策數爲三少者，其餘策數必爲三十六，由四〔註9〕分之得九，此即謂之「老陽」；凡三變爲三多者，其餘策數必爲二十四，由四分之得六，且爲「老陰」；凡三變爲二多一少者，其餘策數必爲二十八，由四分之得七，則爲「少陽」；凡三變爲二少一多者，其餘策數必爲三十二，由四分之得八，是爲「少陰」。〔唐〕一行（673～727）爲此曾詳釋曰：

> 十有八變而成卦，八卦而小成，則十八變之間有八卦焉，人莫之思也。變之扐有「多」、「少」。其一變也，不五則九；其二與三，不四

〔註7〕　參閱〔南宋〕朱熹撰：〈程沙隨可久遇書〉，《晦庵別集》，收入景印《文淵閣四庫全書・集部 85・別集類》（臺北：臺灣商務印書館，1985 年），第 1146 冊，卷 2，頁 567。

〔註8〕　參閱十三經注疏本《周易正義》（北京：北京大學出版社，2000 年），卷第 7，頁 331～332。

〔註9〕　按：由「四」分者，此四常解作四季。例如《周易集解》引〔唐〕崔憬（？）曰：「分揲其著，皆以四爲數。一冊一時，故四冊，以象四時也。」（參閱〔唐〕李鼎祚：《周易集解》，收入嚴靈峯主編：《無求備齋易經集成》（臺北：成文出版社，1976 年據〔清〕乾隆二十一年雅雨堂刊本影印），第 10 冊，頁 685。）

則八，八與九爲多，五與四爲少；少、多者，奇、偶之象也。三變皆少，則乾☰之象也。乾☰所以爲老陽，而四數其餘得九，故以「九」名之；三變皆多，則坤☷之象也。坤☷所以爲老陰，而四數其餘得六，故以「六」名之；三變而少者一，則震☳、坎☵、艮☶之象也。震☳、坎☵、艮☶所以爲少陽，而四數其餘得七，故以「七」名之；三變而多者一，則巽☴、離☲、兌☱之象也。巽☴、離☲、兌☱所以爲少陰，而四數其餘得八，故以「八」名之。故七、八、九、六者，因餘數以名陰、陽，而陰、陽之所以爲老、少者不在是，而在乎三變之間，八卦之象也。〔註10〕

一行言每一「十有八變而成卦」之過程，皆有小成經卦之「象義」隱含其中，亦即每一爻之成立，均有其所象徵之八經卦陰、陽、老、少卦象存在。「少」、「多」，即爲「奇」、「偶」；「陽」、「陰」之含義，每三變成一爻由「少」、「多」變化之間，均有老陽乾☰、老陰坤☷、少陽震☳、坎☵、艮☶、少陰巽☴、離☲、兌☱義之存在；是以所得之爻，由四分其揲蓍策數之餘得「九」者，即爲老陽乾☰爻；得「六」者，且爲老陰坤☷爻；得「七」者，則爲少陽震☳、坎☵、艮☶等爻之屬；得「八」者，猶爲少陰巽☴、離☲、兌☱爻之類，「七」、「八」、「九」、「六」之數因餘數之故而分陰、陽、老、少，然一行云重點不在於此，乃在乎其數眞正所含小成八經卦，老、少象徵之意義。一行此說，其觀念且與〔東漢〕荀爽（128～190）、〔唐〕侯果（？）之論相關。荀爽解〈乾〉☰、〈坤〉☷之策時曾謂：

> 陽爻之冊三十有六，〈乾〉☰六爻皆陽，三六一百八十，六六三十六，合二百一十有六也。陽爻九，合四時，四九三十六，是其義也；陰爻之冊二十有四，〈坤〉☷六爻皆陰，二六一百二十，四六二十四，合一百四十有四也。陰爻六，合二十四氣。〔註11〕

〔註10〕 詳參〔唐〕一行著：《易纂》，收入〔清〕馬國翰輯：《玉函山房輯佚書》（臺北：文海出版社，1952 年），第 1 冊，頁 309。

〔註11〕 參閱〔唐〕李鼎祚輯：《周易集解》，收入嚴靈峯主編：《無求備齋易經集成》（臺北：成文出版社，1976 年據〔清〕乾隆二十一年雅雨堂刊本影印），第 10 冊，卷 14，頁 689～690。

荀爽於此詳述〈乾〉▅▅、〈坤〉▅▅策數與九、六彼此之關係。〈乾〉▅▅乃象徵老陽之卦，其各爻於每一次「三變成爻」之餘策數咸皆三十六，〈乾〉▅▅卦計六爻，故得〈乾〉▅▅之策二百一十有六之總餘策數。荀氏謂此猶如〈乾〉卦▅▅每爻數九，合於四時，則為三十有六，計六爻之合亦二百一十有六相同之道理；〈坤〉▅▅即代表老陰之卦，其各爻於每一「三變成爻」之餘策數均為二十四，總計六爻得百四十有四之總餘策數，此與〈坤〉卦▅▅各爻數六，與二十四節氣合論之道理相埒。猶如〈坤〉卦▅▅各爻數六，與四時相合，計六爻而得百四十有四之說法同然一般。侯果曾言：

> 謂三畫成天、地、雷、風、日、月、山、澤之象，此八卦未盡萬物情理，故曰「小成」也。〔註12〕

侯果之意，乃對《繫辭》「十有八變而成卦，八卦而小成」，句中「八卦而小成」作出解釋。其稱三畫卦象徵「天、地、雷、風、日、月、山、澤」之象，尚未完備萬物諸般情理，是以謂之「小成」。

荀、侯之說，一行兼採，故言餘策數「九」、「六」、「七」、「八」，除代表奇、偶之義，並有老陽、老陰、少陽、少陰八卦小成之象。乾▅▅、坤▅▅父母為老陽、老陰爻之象，震▅▅、坎▅▅、艮▅▅、巽▅▅、離▅▅、兌▅▅六子表少陽、少陰爻之象。惟此說不獲〔北宋〕蘇軾（1037～1101）之贊同，其稱：

> 四營而一變，三變而一爻，六爻為十八變也。三變之餘而四數之得九，為老陽，得六為老陰，得七為少陽，得八為少陰，故曰：「乾之策二百一十有六；坤之策百四十有四」取老而言也。九、六為老，七、八為少之說，未之聞也。〔註13〕

蘇軾言其不曾見「七」、「八」、「九」、「六」由來之說，愚百思不解，蘇氏名列唐宋八大家，且為北宋四大家之一，豈真不見《周易正義》、《周易集解》、

〔註12〕參閱〔唐〕李鼎祚輯：《周易集解》，收入嚴靈峯主編：《無求備齋易經集成》（臺北：成文出版社，1976 年據〔清〕乾隆二十一年雅雨堂刊本影印），第10 冊，卷 14，頁 692。

〔註13〕詳參〔北宋〕蘇軾：《東坡易傳》，收入景印《文淵閣四庫全書・經部 3・易類》（臺北：臺灣商務印書館，1983 年），第 9 冊，卷 7，頁 129。

《左傳正義》、《周禮注疏》、《儀禮注疏》諸家注解？抑原本不服前者之論，乃爲反對而反對故提如是之言？猶如所云：「其謂之貞、悔者，古語如此，莫知其訓也」〔註14〕般另人錯愕。然蘇氏未舉其他合理之解釋，於此提出，僅供方家審酌參考，愚仍採一行之說爲是。

「老陽」、「老陰」、「少陽」、「少陰」，其策數相對爲「九」、「六」、「七」、「八」。此四數，荀爽謂之「營」〔註15〕，稱爲「營」者亦可通，因其皆由四營步驟而得。老陽、老陰代表「變」爻，其四營所得策數爲「九」、「六」；少陽、少陰代表「不變」爻，其四營所得策數爲「七」、「八」。孔穎達疏解《左傳‧莊公二十二年》「遇〈觀〉▤之〈否〉▤」且謂：「《易》之爲書，揲著求爻，重爻爲卦，爻有七、八、九、六。其七、八者，六爻並皆不變……其九、六者，當爻有變……。」〔註16〕依此即知「九」、「六」，如侯果、一行稱其爲乾▤、坤▤、老陽、老陰之象，亦具有「變」者之義；「七」、「八」除六子少陽、少陰之象尚有「不變」之質。故凡占筮十有八變所成之卦，卦中有「九」、「六」爻者，咸屬「變」爻，又稱「動爻」；「七」、「八」者則屬「不變」之爻。

晚近學者高亨（1900～1986），運用《繫辭》上傳所言「天地之數」及「大衍之法」求解三「八」筮例，於筮法爻變中，另將「變」爻區分爲「可變」、「宜變」二義。其將筮法「九」、「六」變爻，稱爲「可變」之爻（意即可以變，惟需有條件地變，未達條件者，仍視爲不變爻）；「七」、「八」且同孔穎達所稱，屬「不變」之爻。其以爲筮法初步占得「九」、「六」爻者，僅能稱爲「可變」之爻，尚須經「宜變」之數計算，視「宜變爻」是否落於其上，再決定「變」或「不變」。

倘「宜變」之數落於其上，則該「九」或「六」爻即視爲「宜變」之爻，

〔註14〕 參閱〔北宋〕蘇軾撰：〈周書‧洪範〉，《書傳》，收入景印《文淵閣四庫全書‧經部48‧書類》（臺北：臺灣商務印書館，1983年），第54冊，卷9，頁581。

〔註15〕 荀爽曰：「營」者，謂七、八、九、六也。」（參閱唐）李鼎祚輯：《周易集解》，收入嚴靈峯主編：《無求備齋易經集成》（臺北：成文出版社，1976年據〔清〕乾隆二十一年雅雨堂刊本影印），第10冊，卷14，頁691。）

〔註16〕 詳閱十三經注疏本《春秋左傳正義》（北京：北京大學出版社，2000年），卷第9，頁309。

如此「九」可變爲「六」；「六」將變爲「九」。若「宜變」之數咸未落於「九」或「六」爻之上，則另視「九」、「六」爻總數而定；倘六爻之中，「九」、「六」爻總數，少於三個爻數者，因「宜變」之數未落於「九」或「六」爻之上，其「九」、「六」爻猶屬「不變」之爻；「九」或「六」爻之數多於或等於三個爻數者，雖「宜變」之數未落於任一「九」、「六」爻上，其全部之「九」、「六」爻，仍視爲「宜變」之爻，凡「九」則變「六」，「六」則變「九」。此即「可變」、「宜變」之大概。〔註17〕

歸納言之：（一）、「九」、「六」爻爲「可變」之爻，惟須與「宜變」之爻相值，才算眞正之「變爻」；（二）、「可變」爻數＜「不變」爻數（即七、八之爻），以宜變相值者爲眞正「變爻」，餘爲不變爻，倘皆無相值者，則均視爲不變爻；（三）、當「可變」爻數≧「不變」爻數，遇宜變相值者，則以相值者變，餘仍不變，倘未有相值者，猶全然皆變。

「宜變」之法，即爲高氏求解筮法之「成卦」，其「眞正『變爻』」所在之計算方法；亦即爲使變爻能以確立，而使「之卦」得以獲解之「宜變爻」演算之法，其公式如下：

> 每卦六爻，每爻或「九」或「八」或「七」或「六」，是謂四營，即不出於此四種營數也。每爻各有一種營數，六數之和，可稱之曰「卦之營數」。如六爻皆「六」，其營數爲三十六，此營數之最小者；如六爻皆「九」，其營數爲五十四，此營數之最大者；如六爻「九」、「八」、「七」、「六」參差錯綜，其營數不出三十六與五十四之間；天地之數五十有五，比營數之最大者多一。古人設此數，蓋有微意矣。余以爲欲定變卦，當以卦之營數與爻之序數湊足天地之數，其法於五十五內減去卦之營數，以其餘數自初爻上數，數至上爻，再自上爻下數，數至初爻，更自初爻上數，如此折回數之，至餘數盡時乃止，所止之爻即宜變之爻也。〔註18〕

〔註17〕參閱高亨：〈周易筮法新考・變卦法〉，《周易古今通說》，收入《周易古經今注》（北京：中華書局，1989年），卷首，頁145～150。

〔註18〕同上註，頁145。

高氏將《繫傳》「天地之數」、「大衍之法」、「四營之數」互爲結合，從中求其相因關係，並由此而得「宜變」之爻。愚以爲其思考邏輯恐受〔西晉〕杜預（222～285）注《左傳・襄公九年》「遇〈艮〉䷳之八」說法而來。由於杜注言及「七」、「八」二數，〔註19〕與四營之數「七」、「八」相同；且史曰：「是謂〈艮〉䷳之隨䷐」〔註20〕，亦就「《周易》筮法」而言，即〈艮〉䷳六二爻不變，餘五爻皆變之筮例，與高亨所云「宜變」之法偶合相契，是以高氏謂之：

> 如其五爻均非宜變之爻，則變五爻之「九」爲「六」，「六」爲「九」，而得「之卦」。主要以「之卦」卦辭占之，因其可變之爻多於不變之爻也。《左傳・襄公九年》所記穆姜筮「遇〈艮〉䷳之八是謂〈艮〉䷳之〈隨〉䷐」，即其例。〔註21〕

依高氏之言，因〈艮〉卦䷳宜變數雖落於六二（八）爻上，惟因「可變」爻數（九、六者）≧「不變」爻之數，是以「可變」爻，猶然咸皆能變，而成變卦〈隨〉卦䷐。高氏此說之結果，不但契合筮史之謂，更且同時解釋之所以稱爲「遇〈艮〉䷳之八」之理由，乃因宜變數落於策數「八」之六二爻上之故。高氏復以「宜變」之法舉例而言：

> 筮得〈睽〉卦䷥，其營數爲四十六。自五十五減四十六，餘九。依法數之，至四爻而九盡，故四爻爲宜變之爻。四爻爲「七」不變，是謂「遇〈睽〉䷥之七」。〔註22〕

高氏舉筮得〈睽〉卦䷥，其營數自初爻至上爻，依序爲七、七、八、七、八、九，合計四營之數爲七＋七＋八＋七＋八＋九＝四十六，以「天地之數」五十五減四十六餘「九」，依高氏「宜變之法」自初爻起算至上爻，再自上爻反

〔註19〕杜注：「《周禮》：『大卜掌三《易》。』然則雜用《連山》、《歸藏》、《周易》。二《易》皆以七、八爲占。故言遇〈艮〉䷳之八。」（請參十三經注疏本《春秋左傳正義》（北京：北京大學出版社，2000年），卷第30，頁997。）
〔註20〕同上註，頁998。
〔註21〕參閱高亨著：〈周易筮法新考・變卦法〉，《周易古經通說》，收入《周易古經今注》，卷首，頁149。
〔註22〕同上註，頁147。

回推算迄九四爻止，恰爲「九數」，則「宜變之爻」落於九四爻上，九四爻策數爲七屬不變爻，且全卦僅上九屬「可變爻」，因宜變爻非落於「可變爻」上，又「可變爻」數＜「不變爻」數，是以該「可變爻——上九」仍視爲不變之爻，而宜變爻落於策數「七」爻之上，故謂之「遇〈睽〉䷥之七」。高氏此例之目的，尤指宜變之爻亦有落於策數「七」爻者，是以稱「遇某卦之七」，非但與杜氏所云「七、八爲占」之說相吻，且稱「遇某卦之八、之七」，猶更能「順理成章」、「理所當然」之存在。

第二節　「宜變」法之爭議

　　愚以爲高氏可謂之天才矣！然百密似有一漏。杜預所言「二《易》」〔註23〕者，並未包含《周易》筮法，高氏似未顧及，或恐受元人黃澤（1260～1346）論《易》之大義不能復古十三事中，所謂：

　　　　卦用七、八，爻用九、六，自杜氏注《春秋》「有雜用《連山》、《歸藏》、《周易》，三《易》皆以七、八爲占之說。」而晦菴《啓蒙》頗因之，是著法不能復古，十也。〔註24〕

之誤說影響，視《周易》同與《連山》、《歸藏》一般，皆「以七、八爲占」，因而將周《易》筮法，置入「七、八」二數以爲用。雖說杜預之言，或有爭議，未成定論，〔註25〕然如此，猶難免流於「張冠李戴」之嫌！是以愚不揣

〔註23〕按：杜預所注二《易》，依《正義》疏解此二《易》係指《連山》、《歸藏》二易而言。《正義》原文：《周易》以變爲占，占九、六之爻，《傳》之諸筮，皆是占變爻也。其《連山》、《歸藏》以不變爲占，占七、八之爻。（請參十三經注疏本《春秋左傳正義》（北京：北京大學出版社，2000年），卷第30，頁997。）

〔註24〕詳參：〔元〕黃澤著：《易學濫觴》，收入景印《文淵閣四庫全書・經部18・易類》（臺北：臺灣商務印書館，1983年），第24冊，頁7。）按：黃澤言三《易》皆以七、八爲占與杜預《左傳》之注明顯不同，且將其列入《易》之不能復古十三事之十，恐抑惑於學海，故愚於此特予提出，以供參酌。

〔註25〕按：杜預謂二《易》以七、八爲占之說，恐采鄭玄《易緯乾鑿度》之注而來，然鄭玄之依據爲何？猶不得而知！世有《連山》、《歸藏》二《易》否？至今雖未全然確論，惟學界似對現存《歸藏》佚文已存肯定看法，然其筮法爲何，尚無知悉。是以杜預之說，孔穎達則持保留態度謂之：「二《易》並亡，不知實然以否？世有《歸藏》易者，僞妄之書，非殷《易》也。假令二《易》占

淺陋，窺豹歸納「宜變」法所存有之兩項重大爭議，且於此提出以就正方家。

一、春「七」、夏「九」、秋「八」、冬「六」引喻之誤

高氏將「七」、「九」、「八」、「六」之數比喻爲「四時」，且以之據爲「宜變」法之推論基礎，其說顯然違背典籍文獻諸家之註解且欠缺可供參考之依據。高氏之言如下：

> 筮法以四營象四時，即以「七」象春、以「九」象夏、以「八」象秋、以「六」象冬也。春時陽氣漸壯，故象春之「七」爲少陽。夏時陽氣漸老，是象夏，以「九」爲老陽。秋時陰氣漸壯，故象秋之「八」爲少陰。冬時陰氣漸老，故象冬之「六」爲老陰。由春而夏，乃由陽而陽，時序雖改而陽氣未變，故「七」爲不變之陽爻焉。由夏而秋，乃由陽而陰，時序既改，陽氣亦變，故「九」爲宜變之陽爻焉。由秋而冬，乃由陰而陰，時序雖改而陰氣未變，故「八」爲不變之陰爻焉。由冬而春，乃由陰而陽，時序既改，陰氣亦變，故「六」爲宜變之陰爻焉。〔註26〕

高氏以四營之數象四時之氣，以「七」象春、以「九」象夏、以「八」象秋，以「六」象冬。其稱春時陽氣漸壯，故以「七」象徵少陽之氣；夏時陽氣漸長，以「九」老陽表之。至秋時陰氣滋生，猶如少陰初長，是以「八」數代之；冬令陰氣漸息，則以老陰「六」數爲之。

其言由春而夏，乃自陽而陽，時序雖易然陽氣未變，故「春」以不變之陽爻「七」數立之；由夏至秋，則自陽迄陰，節令既改，陽氣亦變，若此夏猶以宜變之老陽「九」數象之。自秋而冬依然由陰而陰，時節雖改，然陰氣未變，故以不變之陰爻「八」數代之；洎冬至春，則由陰而陽，節序已易，陰氣猶變，且以宜變之陰爻「六」數表之。

高氏此般之論似影響甚深，其後無獨有偶，亦有學者程石泉先生（1909

七、八，亦不知此筮爲用《連山》、爲用《歸藏》？」（請參十三經注疏本《春秋左傳正義》（北京：北京大學出版社，2000 年），卷第 30，頁 997。）

〔註26〕參閱高亨著：〈周易筮法新考‧變卦法〉，《周易古經通說》，收入《周易古經今注》（北京：中華書局，1989 年），卷首，頁 144。

～2005）猶持幾如高氏鑄模之般，全然轉述看似有理，惟犯相垾之病，然且未知之相類之語，其說：

> 我們知道古人把那四營之數六、七、八、九比譬作四時春、夏、秋、冬。(「揲之以四以象四時」)。老陽（九）代表夏季；老陰（六）代表冬季；少陽（七）代表春季；少陰（八）代表秋季。據古人的觀察春季陽氣上升一天加強一天，終於春季變成了夏季；從少陽（春）到老陽（夏）的變化是程度上的變化，不是性質上的變化，所以陽沒有變。又據他們的觀察從秋天到冬天陰氣用事，一天加強一天，一直等到秋季變成了冬季。從少陰（秋）到老陰（冬）的變化是程度上的變化，不是性質上的變化，所以陰沒有變。相反的，從夏季到秋季陽氣漸漸降低，而終於變成了陰。在古人看來這個變化是性質上的變化，而不單單是程度上的變化，老陽變成少陰。根據相似的理由老陰變成了少陽。雖然古人的觀察未免粗淺，但是並非不合情理。〔註27〕

程氏之言，咸采高亨之論，然或恐未知高氏之言，乃其個人依十二辟卦陰消陽長順時排列之觀念，自行配以筮數七、九、八、六之循環，所塑造儼然「不變」與「宜變」交相輪替之說法。吾人均知，十二辟卦之氣，昉子之〈復〉䷗一陽而生，泊寅之〈泰〉䷊春生以成，陽氣滿極至巳為〈乾〉䷀，依序至午一陰而生，與陽勢均迄申之〈否〉䷋，至亥六陰咸滿成〈坤〉䷁，自左至右，順接以承。然高氏以十二辟卦此般之觀念，配筮法餘策之數，以代春、夏、秋、冬之說，猶與《呂氏春秋》〔註28〕、《淮南子》二者所云：「孟、仲、季春，其數『八』；孟、仲、季夏，其數『七』；孟、仲、季秋，其數『九』；孟、仲、季冬，其數『六』」〔註29〕咸皆不符。

〔註27〕參閱程石泉先生：〈周易成卦及春秋筮法〉，收入林尹等著：「孔孟學說叢書」《易經研究論集》（臺北：黎明文化事業股份有限公司，1981 年），頁 188～189。

〔註28〕參閱〔秦〕呂不韋撰，〔東漢〕高誘注：〈十二紀〉，《呂氏春秋》（臺北：臺灣中華書局，1966 年據畢氏靈嚴山館本校刊），卷 1～12，頁 5～66。

〔註29〕參閱〔西漢〕劉安撰，〔東漢〕許慎注：〈時則訓〉，《淮南子》，收入《四庫叢刊初編子部》（上海：上海商務印書館，出版年不詳，縮印影鈔北宋本），第

　　〔西漢〕楊雄（53B.C.～18A.D.）《太玄經》曾云：「三八爲木、二七爲火、四九爲金、一六爲水。」〔註30〕〔東漢〕鄭玄（127～200）亦言：「七、八，木、火之數；九、六，金、水之數。」〔註31〕且於注解「大衍之數」或謂：

> 天一生水於北，地二生火於南，天三生木於東，地四生金於西，天五生土於中，陽無耦，陰无配，未得相成；地六成水於北與天一并，天七成火於南，與地二并，地八成木於東，與天三并，天九成金於西，與地四并，地十成土於中，與天五并也。〔註32〕

鄭玄又於注解「天數五，地數五，五位相得而各有合」〔註33〕時，曾云：

> 天地之氣各有五，五行之次一曰「水」，天數也；二曰「火」，地數也；三曰「木」，天數也；四曰「金」，地數也，五曰「土」，天數也。此五者陰无匹，陽无耦，故又合之，地六爲天一匹也；天七爲地二耦也；地八爲天三匹也；天九爲地四耦也；地十爲天五匹也。〔註34〕

其將「一、三、五、七、九」五奇數歸於「天數」，「二、四、六、八、十」五偶數列屬「地數」。若此一、二、三、四、五既爲「生數」，則天一生水於北方，地二生火於南方，天三生木於東方，地四生金於西方，天五生土於中央，且謂陰、陽倘无所配，猶未得以有成；故而地六成水於北方與生數天一并，天七成火於南方，與地二生數并，地八成木於東方，與天三生數并，天九成金於西方，與地四生數并，地十成土於中央，與天五生數并。故地六、天七、地八、天九、地十此五數，猶稱之「成數」，且「五位相得而各有合」，其五位即東、西、南、北、中，咸皆「一生數配一成數」之象徵，此五位成

---

24 冊，卷第 5，頁 31～36。

〔註30〕 請參〔西漢〕楊雄撰，〔晉〕范望注：〈玄數第十一〉，《太玄經》，收入景印《文淵閣四庫全書・子部 109・術數類》（臺北：臺灣商務印書館，1985 年），第 803 冊，卷 8，頁 83～85。

〔註31〕 請參〔東漢〕鄭玄注，〔南宋〕王應麟纂輯：《周易鄭康成注》，收入嚴靈峯編輯：《無求備齋易經集成》（臺北：成文出版社，1976 年據元刊本影印），第 175 冊，頁 46。

〔註32〕 同上註，頁 47。

〔註33〕 十三經注疏本〈繫辭上第七〉，《周易正義》（北京：北京大學出版社，2000 年），卷第 7，頁 330。

〔註34〕 同註 31，頁 48。

數相對則爲東——「八」、西——「九」、南——「七」、北——「六」、中—
—「十」，東、西、南、北四方成數咸與《呂氏春秋》、《淮南子》、《太玄經》
所言之數相埒。

　　〔東漢〕潁容（？）注《春秋・昭公七年》：「配以五成」且遵鄭氏之言
而謂：

> 《傳》曰：「配以五成」。所以用五者，天之中數也，於是水得於五，
> 其數六，用能潤下；火得於五，其數七，用能炎上；木得於五，其
> 數八，用能曲直；金得於五，其數九，用能從革；土得於五，其數
> 十，用能稼穡。〔註35〕

潁容言《左傳》所稱：「配以五成」〔註36〕，乃配「天五中央之數」始成五行
之意。〈洪範〉云：「水曰潤下，火曰炎上，木曰曲直，金曰從革，土爰稼穡。」
〔註37〕是以一水得於五而成數六爲用，方始潤下；二火得於五而成數七以用，
故能炎上；三木得於五以成數八爲用，且可曲直；四金得五爲成數九而用，
猶能從革；五土得五其數成十，故能稼穡。潁容之言皆與鄭玄乃至揚雄、《淮
南子》、《呂氏春秋》相類。〔三國・魏〕王弼（226～249）亦云：

> 水在天爲一，在地爲六，六、一合於北；火在天爲七，在地爲二，
> 二、七合於南；金在天爲九、在地爲四，四、九合於西；木在天爲
> 三，在地爲八，三、八合於東；土在天爲五，在地爲十，五、十合
> 於中，故曰：「五位相得而各有合」。〔註38〕

王弼乃盡掃「象數」之人，於此注說一如鄭玄之論，足見猶贊《呂氏春秋》

〔註35〕參閱〔東漢〕潁容撰：《春秋釋例》，收入〔清〕馬國翰輯：《玉函山房輯佚書》
　　　　（臺北：文海出版社，1952 年），第 3 冊，頁 1325～1326。

〔註36〕〔清〕馬國翰言：「今本作『妃』，依潁氏引《傳》作『配』。」（同上註，頁
　　　　1325。）按：今傳本云：『妃以五成，故曰五年。』（參閱十三經注疏本《春
　　　　秋左傳注疏》（北京：北京大學出版社，2000 年），卷45，頁 1464。）

〔註37〕參閱十三經注疏本〈洪範〉，《尚書正義》（北京：北京大學出版社，2000 年），
　　　　卷第 12，頁 357。

〔註38〕轉引〔隋〕蕭吉撰：〈第三明數〉，《五行大義》，收入《續修四庫全書・子部・
　　　　術數類》（上海：上海古籍出版社，1995 年據宛委別藏日本刻佚存叢書本影
　　　　印），第 1060 冊，卷 1，頁 203。

以降漢儒之解，〔東晉〕韓康伯（322～380）猶概括總結曰：「天地之數各五，五數相配，以合成金、木、水、火、土。」〔註39〕咸皆揚雄、鄭玄之節錄翻版。其後〔隋〕劉焯（544～610）且稱：「水、火、木、金得土數而成，故水成數六、火成數七、木成數八、金成數九、土成數十。」〔註40〕〔隋〕顧彪（？）亦同其說，〔註41〕咸采《呂氏》一脈之疏解。爾後歷代諸家，猶然依此奉爲圭臬且成定論。

〔北宋〕彭城劉牧（？）〔註42〕曾云：

> 天一、地二、天三、地四，此四象生數也。……《經》雖云四象生八卦，須三五之變易，備七、八、九、六之成數，而後能生八卦而定位矣。〔註43〕

〔註39〕 參閱十三經注疏本〈繫辭上第七〉，《周易正義》（北京：北京大學出版社，2000年），卷第7，頁330。

〔註40〕 參閱〔隋〕劉焯撰：〈洪範〉，《尚書劉氏義疏》，收入〔清〕馬國翰輯：《玉函山房輯佚書》（臺北：文海出版社，1952年），第1冊，頁432。

〔註41〕 顧彪猶言：「水、火、木、金得土數而成，故水成數六、火成數七、木成數八、金成數九、土成數十。」與劉焯所論一般。（參閱〔隋〕顧彪撰：〈洪範〉，《尚書顧氏疏》，收入〔清〕馬國翰輯：《玉函山房輯佚書》（臺北：文海出版社，1952年），第1冊，頁438。

〔註42〕 北宋兩劉牧之說，自來學界紛擾未休，今有學者考定，北宋確然有兩劉牧，且《易數鉤隱圖》作者，實爲彭城劉牧（？）所著，非《道藏》本所載三衢劉牧（1011～1064）之作。其說法節錄如下：「……凡此種種，皆說明北宋時期有兩位劉牧，一是文官太常博士，一是武官屯田郎中；一是仁宗之前人，一是仁宗時人；一是彭城人，一是三衢人；一是字長民，一是字先之。」又謂：「讀《宋文鑑》有關文字，知王安石所言『一時士大夫爭譽其才』，三衢劉牧實當之。劉敏士刻三卷本《易數鉤隱圖》之時間在南渡之後。《中興館閣書目》成書在前，故不知有三衢劉敏士刻本，而晁公武著《郡齋讀書志》與陳振孫《直齋書錄解題》成書則在三衢劉敏士刻《易數鉤隱圖》三卷本之後，故列之並謂僞序文『淺俚』。有了朱震之「河洛」圖書傳承路數，劉敏士即把《易數鉤隱圖》之著作權歸屬于其伯祖三衢劉牧，並把僞歐陽修之〈序〉置於卷首，以證該書爲有才學之後劉牧所撰，這大概是可以推見的。」（詳參郭彧著：〈《易數鉤隱圖》作者等問題辨〉，《周易研究》2003年第2期，頁53，54。）按：一卷本、三卷本《易數鉤隱圖》之爭，牽扯出「河圖」、「洛書」之圖，是否彭城劉牧所爲乙事，非屬本文範圍，愚將另文討論，此不贅述。

〔註43〕 請參：〔北宋〕劉牧撰：〈天五第三〉，《易數鉤隱圖》，收入景印《文淵閣四庫全書・經部2・易類》（臺北：臺灣商務印書館，1983年），第8冊，卷上，頁128。

依劉牧所釋「四象生數」，即指「老陽」、「老陰」、「少陽」、「少陰」四象
之生數——「一」、「二」、「三」、「四」，且其「四象成數」乃「六」、「七」、
「八」、「九」四數，更且生、成之數相合，始生八卦以定八方之位。鄭玄
亦曾言：

> 大衍之數五十有五，五行各氣并，氣并而減五，惟有五十。以五十
> 之數，不可以爲「七」、「八」、「九」、「六」卜筮之占以用之，故更
> 減其一……〔註44〕

鄭氏所謂：「大衍之數」，乃生、成之數「一、二、三、四、五、六、七、八、
九、十」總合之「五十五」數，減五行之數五，所餘之數，故稱：「大衍之
數五十」。劉牧謂此「五十五」數乃「天地之數」〔註45〕亦云：「天地之極
數」〔註46〕，是以言之：

> 《經》曰：凡天地之數五十有五，此所以成變化而行鬼神也。又曰：
> 大衍之數五十，則減天地之數五也。〔註47〕

劉牧釋鄭玄所訓「大衍之數五十」，即由「天地之數五十五」減「五」數而得。
鄭玄且言以「大衍之數五十」爲基，尚無法得「七」、「八」、「九」、「六」卜
筮之占以用，猶須減「一」方始爲之，此乃「其用四十有九」〔註48〕之義也。
劉牧復釋此曰：

> 今止用其四十九者何也？蓋由天五爲變化之始，散在五行之位，故
> 中无定象，又天一居尊而不動以用天德也。天一者，象之始也，有

〔註44〕 請參〔東漢〕鄭玄注，〔南宋〕王應麟纂輯：《周易鄭康成注》，收入嚴靈峯編
　　　輯：《無求備齋易經集成》（臺北：成文出版社，1976年據〔元〕刊本影印），
　　　第175冊，頁47。

〔註45〕 〔北宋〕劉牧撰：〈天地數十有五第四〉，《易數鉤隱圖》，收入景印《文淵閣
　　　四庫全書·經部2·易類》（臺北：臺灣商務印書館，1983年），第8冊，卷
　　　上，頁129。

〔註46〕 同上註，頁133。

〔註47〕 同上註，頁134。

〔註48〕 十三經注疏本〈繫辭上第七〉，《周易正義》（北京：北京大學出版社，2000
　　　年），卷第7，頁328。

生之宗也，爲造化之主，故居尊而不動也。〔註49〕

劉牧言天地之數所減之「一」數乃「天五」之數，該數居中不動以配各數，是以散於五行之位而无定象，且天一象徵萬物之始，生命之宗，造化之主，故而居尊不動，如用天德「九」〔註50〕數之義。若此「其用四十有九」乃得「『七、八、九、六』卜筮之占以用之」，惟用之於何？猶上述「火」、「木」、「金」、「水」之數，故而劉牧亦稱：「五行成數者，水數六、金數九、火數七、木數八也。」〔註51〕

劉牧曾言：「形由象生，象由數設」〔註52〕，是以歸結五行之數配五行之象且合五行之方，則「八」屬木，當爲「春」，「東方」之成數；「七」屬火，則爲「夏」，「南方」之成數；「九」屬金，且爲「秋」，「西方」之成數；「六」屬水，猶爲「冬」，「北方」之成數。一、二、三、四生數此略不論，然成數「六」、「七」、「八」、「九」，誠與《呂》、《淮》二書暨眾家所述相比。醫書《黃帝內經》猶言：

> 東方青色……，其音角，其數八……；南方赤色……，其音徵，其數七；西方白色……，其音商，其數九；北方黑色……，其音羽，其數六。〔註53〕

《內經》亦昭然明示「七」、「八」、「九」、「六」於方位所象徵代表之意義，與前述諸論咸皆相類，且全然與高氏所引筮法策數喻春「七」、夏「九」、秋「八」、冬「六」之出入頗大。

筮法四營之策數「七」、「八」、「九」、「六」象徵之含義，猶如少陽、少

〔註49〕〔北宋〕劉牧撰：〈天地數十有五第四〉，《易數鉤隱圖》，收入景印《文淵閣四庫全書·經部2·易類》（臺北：臺灣商務印書館，1983年），第8冊，卷上，頁136。

〔註50〕同上註。按：劉牧此注「天德九也」，乃指〈乾〉卦䷀天元用九之意。

〔註51〕同上註，頁132。

〔註52〕參閱〔北宋〕劉牧撰：〈易數鉤隱圖序〉，《易數鉤隱圖》，收入嚴靈峯編輯：《無求備齋易經集成》（臺北：成文出版社，1976年據〔清〕康熙十九年通志堂原刊本影印），第143冊，頁1。

〔註53〕〔明〕馬蒔撰：〈金匱真言論篇第四〉，《黃帝內經素問注證發微》，收入《續修四庫全書·子部·醫家類》（上海：上海古籍出版社，1995年據〔明〕萬曆十四年王元敬刻本影印），第979冊，卷1，頁264～266。

陰、老陽、老陰之象，劉牧即言：

> 然則四象亦金、木、水、火之成數也。在「河圖」則老陽、老陰、
> 少陽、少陰之數是也；在「洛書」則金、木、水、火之數也。
> 〔註54〕

劉牧所稱四象即「金」、「木」、「水」、「火」之成數，於「河圖」即表「老陽」、
「老陰」、「少陽」、「少陰」之數，在「洛書」猶爲「金」、「本」、「水」、「火」
之數。其言即指「老陽」──「金」──「九」；「老陰」──「水」──「六」；
「少陽」──「火」──「七」；「少陰」──「木」──「八」。此於先秦暨
歷代文獻咸皆紀載，諸朝方家且已注釋，況一行更有明言，劉牧尚且詳述，
然高氏猶將此「四營之數」比喻謂之：

> 四營之數，「七」、「九」爲奇數，「八」、「六」爲偶數。四時之序，
> 春、夏陽氣當令，秋、冬陰氣當令，故筮法以「七」、「九」象春、
> 夏，以「八」、「六」象秋、冬也。由春而夏，其氣溫逐漸上升，植
> 物逐漸滋長，故以「七」象春。以「九」象夏，由「七」而「九」，
> 其數字正上升焉。由夏而秋，由秋而冬，其氣溫逐漸下降，植物逐
> 漸衰落，故以「八」象秋，以「六」象冬。由「九」而「八」，由「八」
> 而「六」，其數字正下降焉。再由冬而春，其氣溫又轉而上升，植物
> 又轉而滋長，故以「六」象冬，以「七」象春，由「六」而「七」，
> 其數亦正上升焉。由此可見，四營數字之長消循環，乃與四時氣溫
> 之長消循環及植物生命對長消循環相配合，然則筮法以之「七」象
> 春，以「九」象夏，以「八」象秋，以「六」象冬，固非隨意安排
> 也。〔註55〕

十二辟卦象徵十二月令，代表四時之季，陰消陽長循環不爽。然觀之十二辟
卦，自〈復〉䷗一陽起子、丑〈臨〉䷒、寅〈泰〉䷊、卯〈大壯〉䷡、

〔註54〕參閱〔北宋〕劉牧撰：〈論中〉，《易數鉤隱圖》，收入景印《文淵閣四庫全
　　　　書‧經部2‧易類》（臺北：臺灣商務印書館，1983年），第8冊，卷中，
　　　　頁151。

〔註55〕參閱高亨著：〈周易筮法新考‧變卦法〉，《周易古經通說》，收入《周易古經
　　　　今注》（北京：中華書局，1989年），卷首，頁144。

辰〈夬〉䷪、巳〈乾〉䷀、午〈姤〉䷫、未〈遯〉䷠、申〈否〉䷋、酉〈觀〉䷓、戌〈剝〉䷖至亥〈坤〉䷁排列，全然陽中有陰、陰中有陽；陽極陰生、陰極陽長，構成十二月令、四季寒暑之遞嬗循環，此即對應揚雄：「『三、八』為春；『二、七』為夏；『四、九』為秋；『一、六』為冬」奇、偶相配之理。高氏以寒、暑比喻「陽消陰進」、「陰消陽長」雖不為過，然強分春、夏為「陽」──七、九；秋、冬皆「陰」──八、六，咸已誤解《神農本草經》所云：「春夏為陽，秋冬為陰」〔註56〕之本質義涵。

《繫傳》有言：「是故《易》有太極，是生兩儀，兩儀生四象」〔註57〕《乾鑿度》亦云：「孔子曰：《易》始於太極，太極分而為二，故生天地，天地有春、秋、冬、夏之節，故生四時」〔註58〕「太極」者，鄭玄謂之：「氣象未分之時，天地之所始也。」〔註59〕「兩儀」者猶如《乾鑿度》所云：「太極分而為二，故生天地」之「二」字，鄭玄注曰：「七、九、八、六」〔註60〕且言「天地」：「輕清者上為天，濁重者下為地。」〔註61〕劉牧於此釋曰：

> 夫氣之上者輕清，氣之下者重濁。輕清而圓者，天之象也；重濁而方者，地之象也。〔註62〕

劉牧稱氣因輕清者往上為陽，濁重者屬陰為下。是以輕清且圓者「天之象」；濁重而方者「地之象」。又云：

> 蓋以「兩儀」，則二氣始分，天、地則形象斯著，以其始分兩體之儀，

〔註56〕參閱〔三國・魏〕吳普等述：《神農本草經》下，收入〔清〕黃奭輯：《黃氏逸書考》（板橋：藝文印書館，1972年據原刻景印叢書集成三編），第16函，葉50。

〔註57〕參閱十三經注疏本〈繫辭上第七〉，《周易正義》（北京：北京大學出版社，2000年），卷第7，頁328。

〔註58〕參閱〔東漢〕鄭玄注：《周易乾鑿度》，收入嚴靈峯編輯：《無求備齋易經集成》（臺北：成文出版社，1976年據〔清〕乾隆二十一年雅雨堂刊本影印），第157冊，卷上，頁6。

〔註59〕同上註。

〔註60〕同上註。

〔註61〕同上註。

〔註62〕參閱〔北宋〕劉牧撰：〈太極生兩儀第二〉，《易數鉤隱圖》，收入景印《文淵閣四庫全書・經部2・易類》（臺北：臺灣商務印書館，1983年），第8冊，卷上，頁127。

故謂之「兩儀」也。〔註63〕

劉牧且言「兩儀」者乃二氣始分之時，天、地則「二氣」形象著明之體，由此「陰、陽」二氣滋生形體之儀，故稱之「兩儀」。更謂：「兩儀乃天、地之象，天、地乃兩儀之體爾。」〔註64〕天乃爲「陽」、地猶爲「陰」，是以鄭玄、劉牧所稱「天地」比喻「兩儀」者，即象徵爲「陰」、「陽」之義。

　　鄭玄注「二」稱之「七、九、八、六」，猶如劉牧所釋：「兩儀生四象七、八、九、六之謂也。」〔註65〕更言：「夫七、八、九、六乃少陰、少陽、老陰、老陽之位生八卦之四象。」〔註66〕由上分析，得知「七、八、九、六」乃兩儀所生之四象，且分含四時之義。

　　兩儀本陰、陽二氣相互融合，陰儀之中猶含「陰」、「陽」之象；陽儀之中亦有「陰」、「陽」二義，如此方始混元爲「一」。劉牧即言：

　　　《經》曰：「《易》有太極是生兩儀。」太極者，一氣也；天地未分

　　　之前，元氣混而爲一，一氣所判是曰兩儀。〔註67〕

劉牧稱太極本爲「一氣」，兩儀無形、天地未分之時，「元氣」混而爲「一」，故兩儀乃「一氣」分判而成之象。

　　今兩儀涵蓋四時，猶春、夏、秋、冬歸屬陰、陽二氣，且如《神農本草經》所云「春、夏爲陽」，此陽即具「陰」、「陽」二氣之象，是以「春」八爲偶、「夏」七爲奇，猶乃一陰一陽之類；「秋、冬爲陰」，此陰亦含「陰」、「陽」二氣之義，故乃「秋」九是奇、「冬」六屬偶，復爲一陰一陽之歸，若此猶如《黃帝內經》所言：

　　　肝主春，足厥陰、少陽主治，其日甲乙。……心主夏，手少陰、太

　　　陽主治，其日丙丁。……肺主秋，手太陰、陽明主治，其日庚辛。……

〔註63〕參閱〔北宋〕劉牧撰：〈太極生兩儀第二〉，《易數鉤隱圖》，收入景印《文淵閣四庫全書・經部 2・易類》（臺北：臺灣商務印書館，1983 年），第 8 冊，卷上，頁 127。

〔註64〕同上註，頁 128。

〔註65〕同上註，頁 131。

〔註66〕同上註。

〔註67〕同上註，頁 127。

　　腎主冬，足少陰、太陽主治，其日壬癸。……。〔註68〕

《內經》云肝主春，木氣當令，足厥陰肝經屬乙木，足少陽膽經爲甲木，二者主治之經脈即陰、陽互爲表裏；心主夏，火氣爲王，手少陰心經主丁火，手太陽小腸經爲丙火，二者經脈亦相表裏；肺主秋，乃金氣當令之時，手太陰肺經屬辛金，手陽明大腸經乃庚金，二者之經脈陰、陽相爲表裏；腎主冬，水氣當旺，足少陰腎經屬天干癸水，足少陽膀胱經爲壬水，二者經脈猶相表裏。

　　《黃帝內經》於此昭昭章顯，春、夏、秋、冬四時對應人體「五臟」——肝、心、肺、腎之同時，猶相應於「六腑」——膽、小腸、大腸、膀胱，是以四時之象即含「陰、陽」臟、腑之氣。此說相類於《神農本草經》所言，猶符《呂氏春秋》「四數」之義且合十二辟卦「陰中有陽、陽中有陰」，陰、陽調合之宇宙自然現象。

　　然高氏猶逕以「七、九」陽數對應「春、夏」，陰數「八、六」比喻「秋、冬」，如此陰、陽從中截斷，一分爲二，咸皆背離宇宙、人體之自然道理，此爲其理論推衍極爲矛盾之處。是以高氏之謂：「筮法以『四營』象四時」之語，實已全然誤解「『四營之數』象四時」之眞諦矣；愚以爲高氏已自蒙其意抑且未知。

　　筮法「策數」象徵六十四卦各爻，所代表之老陽、老陰、少陽、少陰小成八卦之象，猶含天地四時之義，自古已然，豈能以〈乾〉☰、〈坤〉☷兩卦所居巳、亥之所，假「九」、「六」以代夏、冬陰陽之季，且藉陽進陰退之基，爲「七」、「八」鋪陳春、秋之謂，此乃高氏「似是而非」且爲程氏自奉圭臬之說法，愚頗不以爲然。

二、「不變」、「全變」者毋須求解「宜變爻」之疑惑

　　宜變法另一俾人甚覺疑惑之處，在於「不變」、「全變」之卦皆不求其「宜變之爻」，除此以外，均須求解宜變之爻。高氏曰：

〔註68〕參閱〔唐〕王冰撰，〔北宋〕林億等校正，〔北宋〕孫兆改誤：〈藏氣法時論第二十二〉，《黃帝內經素問》，收入王雲五主編：《四部叢刊初編子部》（臺北：臺灣商務印書館，1967年據上海商務印書館縮印明翻北宋本影印），卷第7，頁51。

「不變」之卦，主要以「本卦」卦辭占之，不須求其宜變之爻也。

本卦六爻皆「九」、「六」，是爲「全變」之卦，全變之卦，主要〈乾〉卦 ䷀ 以「用九」爻辭占之，〈坤〉卦 ䷁ 以「用六」爻辭占之，〔註69〕他卦以「之卦」卦辭占之，亦不須求其宜變之爻也。〔註70〕

愚觀察此種說法再配以高氏「宜變」之爻最小公倍數「六」，最大公因數「二」之計算方式，〔註71〕發現其明顯且全然以現有《左傳》、《國語》筮例量身套用，猶且僅爲求解「之八」、「皆八」而設，諸如《左傳・莊公二十二年》「遇〈觀〉 ䷓ 之〈否〉 ䷋ 」。

本卦例六四爻變。〈觀〉卦 ䷓ 各爻四營之數，自初爻至上爻依序爲 8＋8＋8＋6＋7＋7＝44（卦之營數），（天地之數）55－44＝11（爻之序數），自初爻起算至上爻爲6；自上爻反回從7起算至11，則止於六二爻，依高氏「宜變」之法，此六二爻當爲「宜變」之爻，惟其不然，該筮例爲六四爻變，所以倘依「宜變」之法，則「宜變」爻應落於六四爻上，故反推算，假設天地之數55－卦之營數＝9（宜變爻能落於六四爻之序數），則卦之營數則爲 55－9＝46，如此各爻營數，猶變爲 8＋8＋8＋6＋9＋7（或爲 7＋9）＝46，55－46＝9，若此顯示〈觀〉卦 ䷓ 應本有兩「可變」之爻，一爲六四、一爲九五（或上九），惟宜變之爻與第四爻相值，故以六四爻爲「宜變」爻變爲九四，而以〈觀〉卦 ䷓ 六四變爻爻辭占之。

由本例可看出高氏宜變之爻，凡爲達與《左傳》所紀筮例相符，其運算

〔註69〕按：「用九」、「用六」以爻辭稱之，愚以爲高氏與杜預均犯同樣錯誤，民初尚秉和（1870～1950）曾就此謂：「夫用九若爲爻，則卦有七爻矣」之說，最能指出錯誤之所在。然本文非以「用九、用六」之辨爲題，此僅略云，不多加贅言，將另文撰述。（參閱尚秉和著：〈用九用六解一〉，《周易古筮考》（北京：中國書店，1995年），卷1，葉7。）

〔註70〕高亨著：〈周易筮法新考・變卦法〉，《周易古經通說》，收入《周易古經今注》（北京：中華書局，1989年），卷首，頁146～147。

〔註71〕高氏求解宜變之爻之方式乃以「天地之數五十五」—「卦之營數」，其餘數再以爻之序數自初至上，自上至初，再自初至上，如此循環。一卦有六爻，凡此循環，皆爲6之倍數，所以建構出以最小公倍數「6」之運算軌跡；且營數六、七、八、九陰陽消長之差咸爲「2」數，此即其最大公因數。此種必能整除之公式，加諸現有《左傳》《國語》筮例，倘將六爻全變與不變因素扣除，則所有筮例咸能符合其運算公式。

過程，必得運用反復計算之法，且所得之結果往往呈現非如《左傳》、《國語》
筮例紀載之形式，此抑可稱爲原紀載之「本卦前身」或「原始本卦」。

　　曾有學者鄭良樹先生試算本例，然僅至「六二」爻即止，且謂：「《左傳》
『之卦』爲〈否〉䷋，所宜變之爻爲四爻，高氏推算與《左傳》不符。」〔註
72〕其斥高氏之言雖眞，然驗算程序略嫌草率，恐忽略高氏所隱藏之最小公倍
數「六」、最大公因數「二」，彼此上下循環、反復計算之方式，致無能從中
窺其破綻，以正己論，故所言似不足以采。

　　又如《左傳・閔公元年》「遇〈屯〉䷂之〈比〉䷇」。本卦例，初九爻
變。〈屯〉䷂各爻四營之數，自初至上爻，依序：$9+8+8+8+7+8=48$（卦
之營數），天地之數 $55-48=7$（爻之序數），依高氏算法，則「宜變之爻」落
於上六爻，與本筮例不符，故須重新檢討。

　　本筮例倘其「爻之序數」爲 1，抑 12 或 13，則方能吻合宜變爻落於初九
之要求。今假設爻之序數爲 1，則須 $48+6=54$，就本卦二～上爻而言，檢討
各爻營數增減以達「卦之營數 54」誠屬不能，因已無爻可累計增加營數至 6；
若求爻之序數爲 12，則 $48-5=43$，須減卦之營數 5，今 5 乃奇數，然陰、陽
爻非 6、8 即 9、7，彼此以公因數 2 增減，亦無法減去 5 之營數！

　　設求爻之序數爲 13，則 $48-6=42$，爻之營數當減 6，其爲偶數，可爲最
大公因數「2」整除，是以本卦〈屯〉䷂各爻營數猶將變爲 $9+6+6+6+7+8$
$=42$，如此形成初九、六二、六三、六四皆爲「可變」爻之「原始本卦」，是以
$55-42=13$（爻之序數），計算結果，其宜變之爻乃落於初爻，符合記載。

　　本卦〈屯〉䷂初六爻變成之卦〈比〉䷇。依高氏「宜變」法之觀念，初
九爻即屬「宜變」之爻，且爲「可變」爻，其營數當爲「九」。然計算過程卻須
假設本卦原應有四個「可變」之爻，若此宜變爻始能落於初九之上，而成〈屯〉
䷂之〈比〉䷇。其相關計算過程必須充滿假設，反復推算，方始吻合內、外
《傳》紀載之結果，故依高氏之法，該筮例之推算應有四種情況：（一）「初、
二、三、四爻」爲可變爻；（二）「初、二、三、上爻」爲可變爻；（三）「初、
二、四、上爻」爲可變爻；（四）「初、三、四、上爻」爲可變爻。

〔註72〕參閱鄭良樹先生：〈東周筮法質疑〉，《新社學術論文集》（新加坡：新加坡新
　　　　社，1978 年），第 1 輯，頁 123。

此四種情形，其「卦之營數」均能減6，由原本48變爲42。然自此亦看出高氏所謂「宜變」之法，實際充滿諸多不確定之可能結果，且僅「係數」爲「偶數」者，方合計算規則。鄭良樹先生於本例僅稱：「另外三條（昭公七年、閔公元年及二年），也不能符合高氏的推算法。」〔註73〕顯見其於驗算高亨「宜變之法」尚未能掌握訣竅。

再如《左傳・哀公九年》「遇〈泰〉䷊之〈需〉䷄」。本筮例六五爻變。〈泰〉䷊各爻四營之數自初至上爻，依序：7＋7＋7＋8＋6＋8＝43（卦之營數），天地之數 55－43＝12（爻之序數），依高氏算法，則宜變之爻當落於初爻，與紀載不符，故須重新檢討。

本筮例「爻之序數」非5即8或17，若然宜變之爻始能落於六五爻上。本卦「卦之營數」——7＋7＋7＋8＋6＋8＝43，取序數5或7者，則原「卦之營數」需加7或5，咸爲奇數，實屬不能；改取序數「8」，其卦之營數須加4，4爲偶數符合能爲最大公因數2整除之要求，所以43＋4＝47，55－47＝8，因此「原始本卦」各爻營數依序應爲：9＋9＋7＋8＋6＋8＝47，抑 7＋9＋9＋8＋6＋8＝47 或 9＋7＋9＋8＋6＋8＝47，如此原卦本有三個可變爻；且可變爻之排列該有此三種可能，惟宜變之爻仍祇落於六五爻上。

鄭良樹先生驗算本例且稱：

> 依高法數之，至初爻而盡，故初爻爲宜變之爻，但是，根據《左傳》之「之卦」，所宜變之爻爲六五，與高氏推算不符。〔註74〕

鄭氏堪稱首位公開質疑高亨「宜變爻」計算法之學者，然於推衍筮例，猶毋能曉然於高亨「重覆演算」法之關鍵，或恐有所諱，致生顧忌，是以本爲否定高氏之說，然卻反陷己法於不當，殊以爲憾。

高氏曾言所舉「變卦法」亦即「宜變」之法非屬「臆撰」〔註75〕之說，然愚僅列三例即充滿諸多想像與不確定之可能結果，故其所稱實已不攻自

〔註73〕參閱鄭良樹先生：〈東周筮法質疑〉，《新社學術論文集》（新加坡：新加坡新社，1978年），第1輯，頁125。

〔註74〕同上註，頁122。

〔註75〕參閱高亨著：〈周易筮法新考・變卦法〉，《周易古經通說》，收入《周易古經今注》（北京：中華書局，1989年），卷首，頁156。

破，更由下節深入探討，尤益顯高氏為求解「之八」、「皆八」，所量身打造「宜變」法矛盾之所在。

第三節 「之八」、「皆八」，「宜變」法之矛盾

高亨將《國語・晉語》「得貞〈屯〉䷂悔〈豫〉䷏皆八」歸於三爻變例，高氏曰：

> 右一條（按：原文意指本筮例）初、四、五爻皆變者也。當其筮時，蓋得䷂〈屯〉卦。其營數為四十八。自五十五減四十八餘七。依法數之，至上爻而七盡，故上爻為宜變之爻。而上爻為「八」乃不變之爻，是得〈屯〉䷂之八也。不得以〈屯〉䷂之上六爻辭占之矣，遂變〈屯〉䷂之九為六，六為九，則得〈豫〉䷏卦。〈屯〉䷂卦上爻之八，亦即〈豫〉䷏卦上爻之八，故曰「得貞〈屯〉䷂悔〈豫〉䷏皆八也。」貞者，「本卦」；悔者，「之卦」也；故以〈屯〉䷂、〈豫〉䷏兩卦卦辭合占之。〔註76〕

高氏有言：「因其可變之爻與不變之爻相等，是貞悔相爭之卦，故以兩卦辭占之也。」〔註77〕其將凡有三爻為筮法策數「九」或「六」變爻之本卦，即以「貞悔相爭之卦」比喻，且以本卦、之卦兩卦卦辭占之。是以貞〈屯〉䷂悔〈豫〉䷏皆八筮例，宜變之爻雖未落於可變爻上，然本卦〈屯〉卦䷂「九」、「六」可變爻者，猶然變為「六」、「九」，而得之卦〈豫〉卦䷏。高氏稱〈屯〉卦䷂上爻策數為「八」，變為〈豫〉卦䷏之上爻，同然為「八」，故曰「得貞〈屯〉䷂悔〈豫〉䷏皆八也。」

倘此說成立，試問〈屯〉卦䷂六二、六三爻與〈豫〉卦䷏六二、六三爻亦同為不變之策數「八」，何以僅祇其上爻稱「同為之八」？乃因宜變之爻落於上六者爾？上六既為不變爻，六二、六三又屬何爻？若宜變之爻落於六

〔註76〕 參閱高亨著：〈周易筮法新考・變卦法〉，《周易古經通說》，收入《周易古經今注》（北京：中華書局，1989年），卷首，頁156。

〔註77〕 同上註，頁148。

二或六三之上，復該何言？惟鄭良樹先生猶稱：「高氏變卦推算法，可以解釋《國語》此則筮事。」〔註78〕愚以爲鄭氏所見蓋遠矣！高氏如此模糊之說法，假以另一筮例《國語・周語》遇〈乾〉䷀之〈否〉䷋與之對照，則將發現其自圓其說、強辭奪理之處。高氏謂：

> 右一條（按：原文意指本筮例）初、二、三爻皆變者也。當其筮時，蓋得䷀乾卦。其營數爲四十八。自五十五減四十八，餘七。依法數之，至上爻而七盡，故上爻爲宜變之爻。而上爻爲七，乃不變之爻，是得〈乾〉䷀之七也。不得以〈乾〉䷀之上九爻辭占之矣。遂變〈乾〉䷀之九皆爲六，則得䷋否卦。〔註79〕

此例占得〈乾〉卦䷀初九、九二、九三，三爻變而成〈否〉卦䷋，於《周易》筮法屬三爻變之例，本無爭議。今高氏以其「宜變」之法計算，宜變爻落於上九，惟上九營數爲「七」，故應稱之「得〈乾〉䷀之七也。」然因初、二、三爻爲「可變」，同然高氏所謂「可變之爻與不變之爻相等」之情況，故依高氏「貞悔相爭」之論釋之，則〈乾〉卦䷀初九、九二、九三亦理所當然變爲初六、六二、六三而成〈否〉卦䷋。

若然，再循高氏所云：「〈屯〉䷂卦上爻之八，亦即〈豫〉䷏卦上爻之八，故曰『得貞〈屯〉䷂悔〈豫〉䷏皆八也』」之說法，則此〈否〉卦䷋上九，猶如〈乾〉卦䷀上九咸爲策數「七」，復何則《國語》此處謂之「遇〈乾〉䷀之〈否〉䷋」而非「遇貞〈乾〉䷀悔〈否〉䷋皆七」乎？且何以「得貞〈屯〉䷂悔〈豫〉䷏皆八」不稱爲「遇〈屯〉䷂之〈豫〉䷏」爾？然鄭良樹先生卻言：「《國語》此則筮事，可以用高氏的推算法來加以解釋。」〔註80〕愚實不知鄭氏此說之據爲何？豈眞不見高氏之矛盾所在？

爲滿足高氏「皆八」理論，「貞」、「悔」二字必以「本卦」、「變卦」釋之，然此已犯程迥（？）、朱熹之病且違《左傳》、京房（77～37B.C）、鄭玄、韋

〔註78〕參閱鄭良樹先生：〈東周筮法質疑〉，《新社學術論文集》（新加坡：新加坡新社，1978 年），第 1 輯，頁 126。
〔註79〕參閱高亨著：〈周易筮法新考・變卦法〉，《周易古經通說》，收入《周易古經今注》（北京：中華書局，1989 年），卷首，頁 157。
〔註80〕同註78，頁 127。

昭（204～273）、杜預之義，前章已述，此不贅複。〔註81〕高氏「宜變」之法，為求「皆八」筮例得解，確然已陷「自相矛盾」、「自圓其說」、「強辭奪理」之泥淖，猶渾然未知。「宜變」之法築基於一套「似是而非」之「四時」理論，更且運用數學「最小公倍數」、「最大公因數」之觀念，以樹立其法之合理性；惟由各筮例之驗算，業已曠然體悟其論述，誠然即為求解「之八」、「皆八」而「量身打造」、「反向套用」之計算方法。

《左傳・襄公九年》「遇〈艮〉▤之八」，高氏將其歸為五爻變筮例，然眾家尤須明了，此五爻變例之「宜變爻」計算數據，乃自「〈艮〉▤之〈隨〉▤」而來，非由〈艮〉▤之八取得。且觀高氏計算之法，即能曉然著白，其謂：

> 初、三、四、五、上爻皆變者也。當其筮時，蓋得▤〈艮〉卦，其營數為四十四。自五十五減四十四，餘十一。依法數之，至二爻而十一盡，故二爻為宜變之爻。而二爻為八，乃不變之爻，故曰「遇〈艮〉▤之八」。不得以〈艮〉▤之六二爻辭占之矣，遂變〈艮〉▤之九為六，六為九，則得▤〈隨〉卦，故曰「是謂〈艮〉▤之〈隨〉▤」。〔註82〕

高氏言本筮例占得〈艮〉▤卦，其初、三、四、五、上爻咸皆變爻，「卦之營數」四十四，以「天地之數」五十五－「卦之營數」四十四＝「宜變之數」十一，計算結果，宜變之爻落於不變爻六二之上，因其不變，故不得以六二爻辭占之，惟可變爻數「五」＞不變爻數「一」，雖宜變之爻落於策數「八」之六二不變爻上，惟其可變之爻，同然「九」、「六」互變而得之卦〈隨〉▤。

由計算過程，清楚看出高氏純然依〈艮〉▤之〈隨〉▤逆向反推，是以據此而謂：

> 如其五爻均非宜變之爻，則變五爻之「九」為「六」，「六」為「九」，

〔註81〕請參本文第四章論述。
〔註82〕參閱高亨著：〈周易筮法新考・變卦法〉，《周易古經通說》，收入《周易古經今注》（北京：中華書局，1989 年），卷首，頁 157。

而得「之卦」。主要以「之卦」卦辭占之。〔註83〕

高氏稱〈艮〉卦䷳六二爻以外之其他五爻，因宜變之爻不相值，則變該五爻策數「九」者爲「六」，「六」者爲「九」而得「之卦」〈隨〉䷐。依高氏此言，「遇〈艮〉䷳之八是謂遇〈艮〉䷳之〈隨〉䷐」，當然得以合理解釋。

然此論倘眞成立，則「遇〈乾〉䷀之〈否〉䷋」又何止僅謂「得貞〈乾〉䷀悔〈否〉䷋皆七」？不亦猶能稱其「遇〈乾〉䷀之七是謂遇〈乾〉䷀之〈否〉䷋」乎？因高氏曾云：「三爻爲『九』、『六』：如其三爻均非宜變之爻，則變三爻之『九』爲『六』、『六』爲『九』，而得『之卦』。」〔註84〕遇〈乾〉䷀之〈否〉䷋豈非如此爾？

鄭良樹先生猶然未能得窺此「矛盾」，故依然稱之：「《左傳》此則筮事，可以用高氏的推算法來解釋。」〔註85〕所犯之病，同然於「得貞〈屯〉䷂悔〈豫〉䷏皆八」、「遇〈乾〉䷀之〈否〉䷋」般，未能詳究箇中隱含之衝突！是以鄭良樹先生所謂：

> 高亨的變卦法，失在於他的推算法的不符事實。無可否認的，他成功地解說了六爻不變、三爻變及五爻變等的筮事，但是，他無法講通一爻變的許多例子：佔三分之二的例子。〔註86〕

其本欲質疑高亨「宜變」法之說詞，反凸顯似未深入了然高氏「宜變」法之窘境，以致結語非但無能識破高氏「筮法」之「弊病」與「衝突」，反誤導高氏「三爻」、「五爻」變「筮法」尚堪成立之假象。

依高氏所稱「宜變」爻計算法，予之驗證所有《左》、《國》筮法相關卦例，咸能得出與紀載相埒之結果，惟過程卻是充滿諸般假設與反覆推算，且以「一爻變」者爲甚，其與「三爻變」以上之筮例差異頗大。

高氏「宜變」之法用以驗算其視爲三爻變以上之筮例，諸如「得貞〈屯〉

〔註83〕參閱高亨著：〈周易筮法新考·變卦法〉，《周易古經通說》，收入《周易古經今注》（北京：中華書局，1989 年），卷首，頁 149。
〔註84〕同上註，頁 148。
〔註85〕參閱鄭良樹先生：〈東周筮法質疑〉，《新社學術論文集》（新加坡：新加坡新社，1978 年），第 1 輯，頁 128。
〔註86〕同上註。

☷悔〈豫〉☳皆八」、「遇〈乾〉☰之〈否〉☷」、「遇〈艮〉☶之八」等，計算「結果」均能一次「定位」，迥異於另十例一爻變者。凡一爻變筮例之計算，幾須諸般假設、反復驗證，且所得本卦往往出現二爻以上之「可變」爻數，此點甚令人疑惑？

何以相埒方式之計算，猶不得「一致」之結果？更且《周易》筮法，三變成爻，十有八變成卦，其「可變」之爻於《周易》筮法本即「動爻」亦稱「變爻」，一個「變爻」即代表一爻變，兩者則爲二爻變，然洎何時，且另分出「宜變」、「可變」之差異？乃至形成「計算結果本該二爻以上之『可變』，然終歸之卦卻僅留存一爻『宜變』者」？章秋農先生曾指出高氏「宜變之法」可議之處，言雖「輕描淡寫」，惟尚能切中關鍵，其云：

> 以其法只能求得一個宜變之爻，而卦中其他九、六之爻皆爲不宜變
> 之爻，與高氏自己承認之「九爲宜變之陽爻」、「六爲宜變之陰爻」
> 之說，形成「二律背反」，即陷入無法解決的矛盾境地。若以高氏所
> 定之法數之，得出宜變之爻，而其爻適爲七或八，又屬不變之爻，
> 不變而又宜變，此又一「二律背反」也。高氏亦自知其說不能圓通，
> 故言「宜變之爻爲七爲八則不變，其占法比較複雜」，實則非棄其所
> 創變卦法，將無以爲占。由以上三點理由，説明高先生的變卦法雖
> 苦心孤詣，極深研幾，但終屬想當然之論。而其巧思有時或可一試，
> 然而并非均可迎刃而解。〔註87〕

諸般疑點，章氏猶以「二律背反」暨「非棄所創，無以爲占」予之歸結高氏「宜變法」之矛盾，然「終屬想當然之論」一語，更加彰明高氏實爲求解「之八」、「皆八」，以至如此「苦心孤詣、極深研幾」而推演出這般「似是而非」之公式。

故此《國語·晉語》「得〈泰〉☷之八」，高氏由於無法有以如同「遇〈艮〉☶之八」是謂「遇〈艮〉☶之〈隨〉☱」，或如「貞〈屯〉☵悔〈豫〉☳」皆八，咸有相對卦名予之參照，是以無從運用所謂「宜變」之法加以推算，

〔註87〕參閱章秋農著：《周易占筮學》（杭州：浙江古籍出版社，1999年），頁203。

故而將其歸爲「六爻皆不變者」〔註88〕且謂之：

> 右一條（按：原文意指本例）乃一爻或兩爻爲九、六，而宜變之爻
> 與可變之爻不相值者，其宜變之爻，不值「九」、「六」而值「八」，
> 故云「得〈泰〉䷊之八」。〔註89〕

因無相對之卦以資參考，是以高氏爲避三爻以上「可變爻」數之衝突，則言
本例必有一至兩爻爲可變之爻「九」或「六」，惟因宜變之爻不與相值，且落
於策數「八」爻之上，故謂之得〈泰〉䷊之八。

高氏曾謂：

> 兩爻爲「九」、「六」均非宜變之爻，主要以「本卦」卦辭占之，因
> 其可變之爻少於不變之爻也。〔註90〕

高氏稱一卦之中「可變之爻」僅有一或兩爻，其數少於「不變之爻」且均不
與宜變之爻相值，若此該卦依然不變，而以「本卦」卦辭爲占。高氏又言：

> 六爻皆「七」、「八」：是爲不變之卦，不須求其宜變之爻。〔註91〕

高氏此處又指「不變卦」者，其六爻策數咸爲「七」、「八」，皆屬不變之爻，
是爲「不變之卦」，毋須求其宜變之爻。

是以綜合高氏兩者之論，「不變之卦」即指「六爻皆不變」或「可變爻數
＜不變爻數，且不與宜變相值」者均屬之。「不變之卦」毋須求其宜變之爻」
並以「本卦」卦辭爲占。

今觀「得〈泰〉䷊之八」筮例占辭：「是謂天地配亨，小往大來。」〔註
92〕猶似僅以「本卦」卦辭以占，有如「不變之卦」一般，且《左傳》不變爻
筮例中，並無他類「之八」筮例存在，〔註93〕故高氏又爲規避《左傳》不變

〔註88〕參閱高亨著：〈周易筮法新考・變卦法〉，《周易古經通說》，收入《周易古經
　　　　今注》（北京：中華書局，1989 年），卷首，頁 151。
〔註89〕同上註。
〔註90〕同上註，頁 148。
〔註91〕同上註，頁 147。
〔註92〕參閱〔周〕左丘明撰，〔吳〕韋昭注：〈晉語四〉，《國語》（臺北：臺灣中華書
　　　　局，1966 年據士禮居黃氏重雕本校刊），卷第 10，葉 11。
〔註93〕按：十七筮例中屬不變爻之例計──《左傳・僖公十五年》：「其卦遇〈蠱〉䷑」；
　　　　《左傳・成公十六年》：「其卦遇〈復〉䷗」；《左傳・昭公七年》：「遇〈屯〉

爻體例，而將「得〈泰〉䷊之八」視爲「可變」爻數爲兩爻以內之筮例，且「宜變」之爻不與相值另落於策數「八」爻之上，若此即符上述高氏之論猶如「不變爻」筮例，同然視爲「不變之卦」，非但「理所當然」可稱「得〈泰〉䷊之八」，更且「順理成章」將其列爲「不變之卦」。

浸假高氏此說成立，則〈艮〉䷳之八亦當若是，然何以反依「〈艮〉䷳之〈隨〉䷐」五爻之變而解之？豈因有〈隨〉卦䷐之相對可參？惟〈泰〉䷊之八無以之故？

第四節　小　結

高氏爲求「宜變」之法得以自圓其說，各項計算俾能開展且能合理解釋，是以「得〈泰〉䷊之八」在無相對「之卦」可資參照下，爲求得解，必將其歸於「不變爻」筮例，且須假設〈泰〉卦䷊原有一～二爻之「可變」爻，惟因「宜變」不相值更且落於策數「八」爻之上，故稱「之八」，若此方符高氏所稱「不變卦」之條件，猶始能異於內、外《傳》僅三則「六爻不變」之筮例，亦同然得以規避高氏另解「得貞〈屯〉䷂悔〈豫〉䷏皆八」、「遇〈艮〉䷳之八」所設三爻、五爻變例之相關規定，而避免產生彼此之矛盾與衝突。

然高氏可曾思慮，既宜變、可變不相值，〈泰〉卦䷊即屬「不變卦」已成定局，則謂「遇〈泰〉䷊」即可，又何以加稱「之八」？倘若「之八」猶如高氏之說果然可行，豈另三則同然「不變卦」之筮例，稱其「遇〈蠱〉䷑之八或七」；「遇〈復〉䷗之八或七」；「遇〈屯〉䷂之八或七」，不亦可乎？若此「遇〈艮〉䷳之八是謂遇〈艮〉䷳之〈隨〉䷐」與之對照，「強辭奪理」之衝突矛盾豈非由然產生？「得貞〈屯〉䷂悔〈豫〉䷏皆八」與「遇〈屯〉䷂之〈豫〉䷏」且有何異？

若此，「貞、悔」既相爭，宜變之爻且落於〈乾〉卦䷀上九之處，〈乾〉卦䷀上九，猶如〈否〉卦䷋上九咸爲策數之「七」，則「遇〈乾〉䷀之〈否〉

䷋」（參閱十三經注疏本《春秋左傳正義》（北京：北京大學出版社，2000 年），卷第 14，頁 429；卷 28，頁 895；卷 44，頁 1445。）

䷁」與「得貞〈乾〉䷀悔〈否〉䷋皆七」不亦相埒？「遇〈乾〉䷀之七是謂遇〈乾〉䷀之〈否〉䷋」又豈相異「遇〈艮〉䷳之八是謂遇〈艮〉䷳之〈隨〉䷐」？故此高氏以其自創之「宜變法」，欲求「之八」、「皆八」筮例得解之方式及答案，反章顯出諸般之矛盾與衝突，更且彰明有如「一『八』三解」之錯誤與不堪，誠然無法令人爲之苟同與信服。

第六章　筮法「之八」、「皆八」之眞象

　　近人尚秉和（1870～1950）之於《春秋》內、外《傳》筮例「之八」,「皆八」猶頗有看法,雖然其論,未必令人苟同,惟尚能自其論述之中,得悟筮法之「八」眞諦之所在,是以其言於我可謂有「啓迪之功」,故采其說爲本章之開場。尚氏持論「貞」、「悔」之義,猶依程迥（？）、朱熹（1130～1202）「本卦」、「之卦」解釋,與《左傳》、韋昭（204～273）訓以「內卦」、「外卦」之立論基礎不同,尚氏仍以「本卦爲貞」、「之卦作悔」而相提並論,然此卦之貞「本」、悔「之」之說,與韋昭、杜預（222～284）貞「內」、悔「外」之論,本即不類,其乃程迥、朱熹求解之「八」所創之詞,惟尚氏引以論證,反致由此曠然有悟程迥貞「本」、悔「之」矛盾之旁證,之於貞、悔二字實義之認知,乃至「之八」、「皆八」筮例之得解,實具有「無心插柳乃成蔭」之效耳。

第一節　貞、悔非本卦、之卦之旁證

　　尚氏其「貞」、「悔」持論,仍循程迥、朱熹之說,然其尚知前人之述,且須驗證之理,是以之於程氏所言筮例「之八」,猶能不假避諱與之批評,其謂:

　　宋程迥云:「九變六,六變九,非也!九當變八,六當變七。何以言之?董因爲晉文公筮得〈泰〉䷊之八,謂初、二、三以九變八,四、

－185－

五、上不變爲八，故曰〈泰〉䷊之八。」如程氏之說，則初、二、三變矣。然史何不曰：〈泰〉䷊之〈坤〉䷁，而曰〈泰〉䷊之八？則未變可知也。且如程說，施之於〈艮〉䷳之八、貞〈屯〉䷂悔〈豫〉䷏皆八，則不通也，闕疑可也。〔註1〕

程迥於其《周易古占法》中，論及「得〈泰〉䷊之八」筮例之說法，尚秉和不予采納，以爲倘依程氏之言，則初、二、三爻當有變矣，應謂〈泰〉䷊之〈坤〉䷁，又何言〈泰〉䷊之八？且依程氏之論並無法導引另兩筮例之解釋，是以尚秉和稱此三筮例僅可列入闕疑，尚且無以能解。

尚秉和亦同時認爲，杜預、韋昭注解內、外《傳》三「八」筮例，二者說法「皆不能自圓其說。」〔註2〕並提出其以爲之看法：

杜注「〈艮〉䷳之八」云：《連山》、《歸藏》，以七、八占，故曰「〈艮〉䷳之八」。然何無言「七」者？賴史曰：「是謂〈艮〉䷳之〈隨〉䷐」。方知五爻皆變，惟六二不變耳。於是後人謂「八」指六二陰爻言，如是說也，是《連山》、《歸藏》不占變，故不曰「〈艮〉䷳之〈隨〉䷐」而曰「〈艮〉䷳之八」，凡言「八」者，皆用《歸》《連》占也。然何以公子重耳，既占得〈屯〉䷂又變爲〈豫〉䷏，是明明用《周易》占變矣。是杜氏之說，不可信也。〔註3〕

杜預注解何以稱「〈艮〉䷳之八」？乃因《連山》、《歸藏》二《易》皆占七、八故。然尚氏爲此提出，何以言「八」而未見「七」占之疑問？並以爲，因有賴史「是謂〈艮〉䷳之〈隨〉䷐」之言，是以後人方知此爲本卦〈艮〉䷳五爻皆變，惟六二爻不變之筮例；且後人以不變策數「八」代表六二陰爻，故而始有「〈艮〉䷳之八」說法出現。

尚秉和更以爲，杜預若此方能以《連山》、《歸藏》不占變說，做爲凡言「八」者咸屬《歸藏》、《連山》二《易》占之論，且成爲何以不言「〈艮〉䷳

〔註1〕 尚秉和輯：〈靜爻〉，《周易古筮考》（北京：中國書店，1995 年），卷 2，葉 1～2。
〔註2〕 同上註，卷 9，葉 13。
〔註3〕 同上註。

之〈隨〉䷐」，乃謂「〈艮〉䷳之「八」」之理由。

　　尙秉和以《國語‧晉語》「得貞〈屯〉䷂悔〈豫〉䷏皆八」爲例，反提出：此乃晉獻公之子重耳，占得〈屯〉卦䷂變爲〈豫〉卦䷏之筮，屬《周易》占變筮法，復何來「八」之不占變說？是以一口斷定杜預之論不可信。尙氏言〈艮〉䷳之「八」至貞〈屯〉䷂悔〈豫〉䷏皆八之疑問云云，幾與〔清〕李道平（1788～1844）之述相埒，李氏之說如下：

> 觀穆姜遇〈艮〉䷳之八，向非史出一言以斷曰：「是謂〈艮〉之〈隨〉䷐，則五爻變而一爻不變，千古莫能明其義。此筮若如韋注：凡不動之卦，有陰爻者，皆可名「八」，獨不思此卦陰、陽爻皆有，何以必言少陰「八」，而不言少陽「七」乎？推其謬誤與解貞〈屯〉䷂悔〈豫〉䷏皆八等。〔註4〕

李道平謂〈艮〉䷳之八筮例，倘非筮史出言：「是謂〈艮〉之〈隨〉䷐」一語，眾人方始知其乃「一爻不變、五爻變」者，則千古猶將莫能明其眞義。且以韋昭所注：「凡不動之卦，有陰爻者，皆可名『八』」爲藉，而提：「獨不思此卦陰、陽爻皆有，何以必言少陰『八』，而不言少陽『七』乎」之疑問？且云杜注〈艮〉䷳之八之謬誤與韋注貞〈屯〉䷂悔〈豫〉䷏皆八咸皆相埒。

　　依李氏之言：「獨不思此卦」語，猶指〈隨〉卦䷐而言；因〈隨〉卦䷐初九、九四、九五三者策數皆「七」，故始有「何以必言『八』，而不言『七』乎」之疑問產生。循此，則李氏所謂遇〈艮〉䷳之八，其「八」乃〈隨〉卦䷐之「八」，非〈艮〉卦䷳之「八」，果然者，愚猶以爲其述殆比尙氏淺矣。何故？尙氏且知杜注於此乃占〈艮〉卦䷳不變爻六二之說，然李氏卻將之「八」，類比於變卦〈隨〉䷐之不變爻，是以李氏之差反遠矣！

　　〔元〕黃澤（1260～1346）猶曾以「貞〈屯〉䷂悔〈豫〉䷏皆八」爲例，於未占「七」之疑者提有一言，其曰：

〔註4〕　參閱〔清〕李道平撰：〈國語〉，《易筮遺占》，收入嚴靈峯編輯：《無求備齋易經集成》（臺北：成文出版社，1976年據清光緒十七年刊「湖北叢書」本影印），第154冊，頁30。

據澤管見，恐程說實可疑！蓋三爻遇九、六，三爻遇八，即是一卦
之中三爻變了。若依《啟蒙》法，當云「遇〈屯〉☷☳之〈豫〉☳☷」，
其不變者，在所必道，固已不當稱八，又安得稱貞、悔皆八乎？
且七、八皆不用之爻，獨不聞說「七」，何也？豈有之，而偶不載邪？
是亦可疑矣。〔註5〕

黃氏之見與尚氏之論，雖遣詞不同，惟其意協，咸將「貞」、「悔」二字視如
「本卦」、「之卦」，是以始有尚氏之「既占得〈屯〉☷☳又變爲〈豫〉☳☷」及
黃氏「當云『遇〈屯〉☷☳之〈豫〉☳☷』」說，然此，亦爲黃氏質疑程迥貞〈屯〉
☷☳悔〈豫〉☳☷三爻變說之處。

　　黃氏言《周易》筮法乃占「變」爻，不變爻者，本不論之，故稱「八」
已屬不該，何況更云「貞、悔皆八乎？」復又懷疑筮法策數「七」、「八」咸
不動无爲之爻，何以獨不聞占「七」之例？且反詰：豈本有之，惟偶不載，
是以未有所聞爾？故此黃氏猶言可疑。

　　愚以爲黃澤同然尚秉和般，咸犯「貞」、「悔」二字之「病」，一者言：「明
明用《周易》占變矣。是杜氏之說，不可信也。」一者云：「獨不聞說七，恐
程說實可疑。」尚氏以貞「本」、悔「之」之論，觀貞〈屯〉☷☳悔〈豫〉☳☷
皆八，視其乃〈屯〉☷☳變〈豫〉卦☳☷，屬《周易》筮法三爻變之例，而云
杜預「不占變」說之不可信。

　　黃氏則以朱熹《啟蒙》法：「三爻變，則占本卦及之卦之《彖》辭，而以
本卦爲『貞』，之卦爲『悔』」〔註6〕之言，反駁程氏貞〈屯〉☷☳悔〈豫〉☳☷
皆八之論，且云程迥「三爻變說」之可疑。黃氏豈眞不知朱子貞、悔之說乃
襲程氏而來？之所以俾人形成「未占七」之困惑，乃因〈屯〉☷☳、〈豫〉☳☷
二卦之中，〈豫〉卦☳☷九四策數爲「七」，惟僅言「皆八」之故，然此矛盾又
何止程氏一人所爲，朱熹豈能置身事外？恐黃澤有所忌諱，是以祇謂：「《啟

〔註5〕　參閱〔元〕黃澤撰：《易學濫觴》，收入景印《文淵閣四庫全書・經部18・易
　　　　類》（臺北：臺灣商務印書館，1983年），第24冊，頁8。
〔註6〕　〔南宋〕朱熹撰：〈考變占〉，《周易啟蒙》，見〔清〕李光地等撰：《周易折中》，
　　　　收入景印《文淵閣四庫全書・經部32・易類》（臺北：臺灣商務印書館，1983
　　　　年），卷20，第38冊，頁502。

第六章　筮法「之八」、「皆八」之眞象

蒙》雖頗具其說，誠恐非古法也」〔註7〕，尚未敢直斥其非。

　　黃澤謂程氏之疑，猶如否定朱熹所言，是以尚氏之論亦相對無能成立，然黃氏於斥程氏之誤時，卻反已論及：「貞非『本卦』、悔非『之卦』」之言意，或恐兀自未知，渾然不覺。愚觀《國語・晉語》原文：

> 公子親筮之，曰：「尚有晉國，得貞〈屯〉䷂悔〈豫〉䷏皆八也。」
> 筮史占之，皆曰「不吉」，閉而不通，爻無爲也。司空季子曰「吉」，
> 是在《周易》，皆利建侯。不有晉國以輔王室，安能建侯？〔註8〕

由文中字句清楚發現一開始之占，即非以《周易》筮之，至司空季子方改以《周易》而論。此情形，猶如《左傳・襄公九年》：「穆姜薨於東宮。始往而筮之，遇〈艮〉䷳之八，史曰：『是謂〈艮〉䷳之〈隨〉䷐』」〔註9〕般，開始咸非以《周易》筮之，此觀內、外《傳》文之記述，可謂一覽無遺，此點，〔唐〕孔穎達（574～648）猶十分肯定且云：

> 先儒爲此意者，此言「遇〈艮〉䷳之八」，下文穆姜云「是於《周易》」；《晉語》公子重耳筮得「貞〈屯〉䷂悔〈豫〉䷏皆八」，其下司空季子云「是在《周易》」，並於遇八之下，別言《周易》，知此遇八，非《周易》也。〔註10〕

孔氏之言甚明，此內、外《傳》「之八」、「皆八」兩筮例，起初咸非以《周易》占筮而得，乃以它法所筮，是以不可與《周易》筮法等同視之。然愚且百思不解？何以尚秉和猶能稱之「是明明用《周易》占變矣」？其論又與〔元〕雷思齊（1231～1303）所犯相類，雷氏曾云：

> 故嘗因是〈艮〉䷳之八之筮，尤有以審七、八之定畫，不爲九、六之動爻，而注則誤矣。《周禮・大卜》掌三《易》以行九筮，則曰《連

〔註7〕　參閱〔元〕黃澤撰：《易學濫觴》，收入景印《文淵閣四庫全書・經部18・易類》（臺北：臺灣商務印書館，1983年），第24冊，頁8。
〔註8〕　參閱〔周〕左丘明撰，〔三國・吳〕韋昭注：〈晉語四〉，《國語》（臺北：臺灣中華書局，1966年據士禮居黃氏重雕本校刊），卷第10，葉10。
〔註9〕　參閱十三經注疏本《春秋左傳正義》（北京：北京大學出版社，2000年），卷第30，頁997。
〔註10〕　同上註，頁997～998。

山》、《歸藏》、《周易》，謂其經卦皆八，其別皆六十有四，是《易》
雖三名，筮則同一法也。其以七、八爲卦畫之體，以九、六爲卦爻
之用，是以謂〈艮〉䷳之八也。〔註11〕

雷思齊言「〈艮〉䷳之八」筮法，乃特以審定所指卦爻爲策數七、八之定爻，
而非九、六動爻之意，惟杜預所稱「《周禮》：『大卜掌三《易》。』然則雜用
《連山》、《歸藏》、《周易》。二《易》皆以七八爲占。故言遇〈艮〉䷳之八」
〔註12〕之注說有誤。

　　雷氏更謂《周禮・大卜》掌三《易》，以行九筮之事，此三《易》小成經
卦皆八，別卦咸爲六十有四，雖有《連山》、《歸藏》、《周易》三名之別，然
筮法猶皆一般。其法均以定爻「七」、「八」爲卦體之畫，且以動爻「九」、「六」
爲占用之爻，是以稱「〈艮〉䷳之八」。

　　雷思齊視「遇〈艮〉䷳之八」筮例所用筮法，無論何《易》，其法咸同，
而謂之「八」者，乃指成卦定爻，各爻所象徵未變策數七、八之「八」數之
意，故又言：

　　　艮䷳之變，其初之〈賁〉䷕、三之〈剝〉䷖、四之〈旅〉䷅、五
　　　之〈漸〉䷴、上則之〈謙〉䷎，遡明其筮，是〈艮〉䷳之一卦
　　　凡六爻，而爻之變者已凡五，卦之之者亦五矣。史雜而視之，无所
　　　適從於斷也。惟二爻之━━陰耦无所變，无所之爾，故覆而斷之以〈艮〉
　　　䷳之〈隨〉䷐也。且即稽其筮而曰：「隨，其出也。君必速出。」
　　　姜則自審，无以當此卦之德也。因謂：「是於《周易》曰：『〈隨〉䷐，
　　　元亨、利貞，无咎。』」就申其釋之者如上云耳。曷嘗引《連山》、《歸
　　　藏》二《易》而且有所更筮哉？杜氏不明《周易》之筮━━耦之畫，
　　　本只謂八，乃妄指二《易》以七、八爲占，且又謂史疑占《易》遇
　　　八爲不利，更以《周易》占變爻而論之，何其誤也。由今覈之，則

───────────────

〔註11〕　參閱〔元〕雷思齊撰：〈九六〉，《易筮通變》，收入《正統道藏》（臺北：藝文
　　　　　印書館，1977年），第34冊，卷中，頁27088。
〔註12〕　參閱十三經注疏本《春秋左傳正義》（北京：北京大學出版社，2000年），卷
　　　　　第30，頁997。

七、八之爲卦體之成畫，而不名九、六，不亦明矣哉。〔註13〕

雷思齊即以「七、八爲卦畫之體，九、六爲卦爻之用」，舉例推溯〈艮〉卦䷳各爻變之筮法，其稱〈艮〉卦䷳初六一爻變者，即初六策數由「八」變爲「六」而成動爻老陰，一變且爲陽爻，六二、九三、六四、六五、上九不變，策數則爲八、七、八、八、七，若此即謂初六一爻變，故得之卦〈賁〉䷕。

　　三爻變者，乃九三策數由「七」變爲「九」成動爻，由陽變陰，初六、六二、六四、六五、上九不變策數爲八、八、八、八、七，是以三爻變而成之卦〈剝〉䷖。

　　四爻變者，則六四爻策數由「八」變爲「六」成動爻，自陰變陽，且初六、六二、九三、六五、上九策數爲八、八、七、八、七，故四爻一變而成之卦〈旅〉䷷；五爻變猶循上述之法，六五爻策數由「八」變「六」，故六五陰爻變爲陽爻，初、二、三、四、上爻策數分別爲八、八、七、八、七，若此六五爻變而得之卦〈漸〉䷴；同理上爻變，則上九策數由「七」變動爻策數「九」，自陽變成「陰」，初、二、三、四、五爻策數猶爲八、八、七、八、八，是以一變而爲之卦〈謙〉䷞。各爻策數之變即如雷氏所云：

　　　　以是研之定爻之「—」、「--」，固自七、八，而於其動，則七乃進
　　　　爲九「—」而舍陰，八乃退而六「⚊」而舍陽也。〔註14〕

卦畫各陰、陽定爻，咸爲七、八之數，因成動爻則少陽數「七」乃進爲老陽數「九」，畫則由「—」變爲「—」；少陰數「八」乃退而成「六」，畫則由「--」易爲「⚊」。

　　雷氏推演〈艮〉卦䷳自初、三、四、五、上各爻變化，所得「之卦」有五，惟各「之卦」不變策數有七亦有八，若此筮史雜而視之，猶无所適從，不知以何爻爲斷！然〈艮〉卦䷳初、三、四、五、上，五爻變僅六二不變，其「六二」爻不變則无「之卦」可占，故筮史反以〈艮〉卦䷳五爻變所得之卦〈隨〉䷐占之，且曰：「〈隨〉䷐，其出也。君必速出。」惟穆姜依《周

〔註13〕參閱〔元〕雷思齊撰：〈九六〉，《易筮通變》，收入《正統道藏》（臺北：藝文
　　　　印書館，1977 年），第 34 冊，卷中，頁 27088～27089。
〔註14〕同上註，頁 27089。

易》〈隨〉卦䷐卦辭：「元亨、利貞，无咎」自省己身無此卦德，因而陳以《左傳·襄公九年》所述之言。〔註15〕若此，雷氏即質言幾曾另引《連山》、《歸藏》二《易》以更筮之？

雷氏亦指杜預不明《周易》筮得陰爻之畫本即為「八」之理，猶妄指二《易》乃以七、八為占之說，更且稱「史疑占《易》遇『八』為不利，故改以《周易》占變爻以論」之說，〔註16〕何其之誤。雷氏亦謂今查覈「遇〈艮〉䷳之八」所言，已昭然明示「七」、「八」乃指卦畫之陰、陽定爻，而非「九」、「六」動爻之意。

雷思齊此謂「遇〈艮〉䷳之八」乃《周易》筮法之例，駁杜預稱引《連山》、《歸藏》二《易》占七、八之說為誤。所言，愚頗不以為然。

今觀〈艮〉卦䷳，初、三、四、五、上各爻之變僅乃一爻變之例，此與〈艮〉卦䷳初、三、四、五、上，五爻齊變何能等同視之？二者咸變，惟仍存一爻、五爻變之異，何以各自一爻之變筮史無能以占？惟須反以五爻之變「遇〈艮〉䷳之〈隨〉䷐」方始斷之？且「遇〈艮〉䷳之〈隨〉䷐」乃因六二爻不變而無「之卦」故，是以反占以初、三、四、五、上等五爻變之〈隨〉卦䷐？雷氏之意豈非之「八」其「八」字乃指「六二」爻而言？否則，如何筮史之於各一爻變者，竟無所適從，不知從何以占「各不變爻之『八』或『七』」？試問《周易》本即占「變」復何以論占「不變」者？

況雷氏猶己言：「合《左傳》凡云某卦之某卦者，皆以爻之動而變者，指其所之云爾。」〔註17〕若此，〈艮〉䷳之八，此「八」者，既非爻之動，乃不變之策數「八」，又如何能以「所之」？且「所之」者又指何卦？

雷氏更言杜預稱史「疑占《易》遇八為不利，更以《周易》占變爻而論之，何其誤也」云云。愚且反詰「占《易》遇『八』不利，改以《周易》占

〔註15〕按：穆姜之言於本文頁 51，註 146 已有詳述，此不贅複。
〔註16〕按：杜預稱䷗震䷽下兌䷸上，〈隨〉䷐。史疑古《易》遇八為不利，故更以《周易》占，變爻，得〈隨〉卦䷐而論之。（參閱十三經注疏本《春秋左傳正義》（北京：北京大學出版社，2000 年），卷第 30，頁 998。）
〔註17〕參閱〔元〕雷思齊撰：〈九六〉，《易筮通變》，收入《正統道藏》（臺北：藝文印書館，1977 年），第 34 冊，卷中，頁 27089。

變爻」一語，豈非業已豁然章顯所占之《易》與《周易》本即不類？

雷氏曾謂：

> 《國語》晉公子重耳筮尚有晉國，得貞〈屯〉䷂悔〈豫〉䷏皆八，
> 韋昭注震☳在〈屯〉䷂之內卦兩陰爻不動，震☳在〈豫〉䷏之
> 外卦兩陰爻亦不動，故曰皆八，是其徵也；董因又筮之得〈泰〉䷊
> 之八，昭又注〈泰〉䷊无動爻，陰爻不動，其數皆八，則▅▅耦之
> 畫不動者，皆爲八，又其徵也。〔註18〕

雷思齊曾言韋昭注《國語》「得貞〈屯〉䷂悔〈豫〉䷏皆八」、「得〈泰〉䷊
之八」，兩筮所稱「八」者尤指「陰爻不動」之證。然其豈不知，韋氏此謂之
「八」，乃特指：「以《連山》、《歸藏》占此兩卦皆言不吉」〔註19〕而得者，
且「得〈泰〉䷊之八與貞〈屯〉䷂悔〈豫〉䷏皆八義同」〔註20〕猶言二筮
之「八」咸皆一般，若此，莫非韋氏之《連山》、《歸藏》不同於杜預之《連
山》、《歸藏》？否則韋氏之論「八」可爲證，然杜氏之所言卻成非？

　　《易緯乾鑿度》有云：「陽以七、陰以八爲象」〔註21〕〔東漢〕鄭玄注曰：
「象者，爻之不變動者」〔註22〕，即指策數「七、八」乃指定爻不變之意；「九、
六，爻之變動者」〔註23〕亦明策數「九、六」即爲動爻之旨，且言：「然則《連
山》、《歸藏》占象，本其質性也；《周易》占變者，效其流動也；象者，斷也。」
〔註24〕鄭玄於此已曉然著白二《易》以「象」者（七、八）爲占；《周易》則
以九、六爲斷，是以「二《易》論占」之說，絕非杜預己創，倘杜氏之說有
誤，豈鄭玄之注亦蒙？若鄭氏之論無據，則「七、八、九、六」之述復有何

〔註18〕參閱〔元〕雷思齊撰：〈九六〉，《易筮通變》，收入《正統道藏》（臺北：藝文
　　　　印書館，1977 年），第 34 冊，卷中，頁 27089。
〔註19〕參閱〔周〕左丘明撰，〔三國・吳〕韋昭注：〈晉語四〉，《國語》（臺北：臺灣
　　　　中華書局，1966 年據士禮居黃氏重雕本校刊），卷第 10，葉 10。
〔註20〕同上註，葉 11。
〔註21〕參閱〔東漢〕鄭玄注：《周易乾鑿度》，收入嚴靈峯編輯：《無求備齋易經集成》
　　　　（臺北：成文出版社，1976 年據〔清〕乾隆二十一年雅雨堂刊本影印），第
　　　　157 冊，卷上，頁 12。
〔註22〕同上註。
〔註23〕同上註。
〔註24〕同上註。

義？考今四數之論，咸承鄭氏而來，古說若果無憑，則今言且何以論？

〔唐〕賈公彥（？）亦曾言：「《易》文卦畫七、八，爻稱九、六」〔註25〕即指《易》文卦畫每爻爲七、八，然經文則稱各爻爲九、六，《易緯乾鑿度》云：「陽變七之九，陰變八之六」〔註26〕，則謂凡逢陽爻策數七變九、陰爻策數八變六方始由「象」至「變」，即由「定爻」變爲「動爻」，古之明訓，抑豈雷思齊所獨發？故雷氏之言「《易》雖三名，筮則同一法也」，愚以爲其差甚遠矣！

鄭玄曾云：「《周易》以變者爲占，故稱九、稱六。」〔註27〕自是以觀《周易》論筮者，乃論變之事，於本卦、之卦間必有「之」字連繫，「之」者，乃「變」之意。此於內、外《傳》占變筮例，咸已清楚明示爲：「遇某卦『之』某卦」；凡無變爻者，則謂「遇某卦」，縱如「遇〈艮〉☶之八」、「得〈泰〉☷之八」，其間亦有「之」字章顯「變化」之意。

然細觀「得貞〈屯〉☵悔〈豫〉☳皆八」筮例，〈屯〉☵、〈豫〉☳之間，何有「之」字存在？何來「變」意說明？由字面視其二卦，原即無本卦、之卦彼此因果遞嬗關係，倘依尚秉和所言「然何以公子重耳，既占得〈屯〉☵又變爲〈豫〉☳」，猶視〈屯〉☵、〈豫〉☳二卦爲本卦、之卦之分，若然，尚氏之說，愚以爲尤屬草率，甚嫌武斷。

且杜預「遇〈艮〉☶之八」所云，乃因襲鄭玄之說，特指《連山》《歸藏》占七、八，與《周易》論九、六者本有差異，和原句意旨亦無任何衝突之處，然雷思齊卻言杜氏之「注則誤矣」，其論頗失允當，況尚秉和亦稱「杜氏之說，不可信」之語，猶同然雷氏之病矣！

尚秉和曾質言：

〈艮〉☶之〈隨〉☱，〈艮〉☶六二陰爻在貞、在悔亦皆不變，

〔註25〕 十三經注疏本《周禮注疏》（北京：北京大學出版社，2000年），卷第24，頁749。

〔註26〕 〔東漢〕鄭玄注：《周易乾鑿度》，收入嚴靈峯編輯：《無求備齋易經集成》（臺北：成文出版社，1976年據〔清〕乾隆二十一年雅雨堂刊本影印），第157冊，卷上，頁12。

〔註27〕 參閱〔東漢〕鄭玄注，〔南宋〕王應麟纂輯：〈易贊、易論〉，《周易鄭康成注》，收入嚴靈峯編輯：《無求備齋易經集成》（臺北：成文出版社，1976年據元刊本影印），第175冊，頁55。

　　史何不曰：「貞〈艮〉䷳悔〈隨〉䷐皆八乎？」〔註28〕

尚氏質疑〈艮〉䷳六二陰爻在貞（〈艮〉）、在悔（〈隨〉䷐）咸不變，何以史不同然「貞〈屯〉䷂悔〈豫〉䷏皆八」般，稱之「貞〈艮〉䷳悔〈隨〉䷐皆八」？且又言另一疑惑：

　　〈屯〉䷂之〈豫〉䷏，〈屯〉䷂上六亦不變也，亦八也。胡獨於

　　〈屯〉䷂六二、六三之不變，而謂爲「八」乎？〔註29〕

尚氏視「得貞〈屯〉䷂悔〈豫〉䷏皆八」即如「得〈屯〉䷂之〈豫〉䷏」，是以懷疑〈屯〉卦䷂上六猶如〈豫〉卦䷏上六，咸爲不變策數「八」，何以僅指〈屯〉卦䷂六二、六三爲不變策數「八」，而不言及上六？故尚氏依此否定韋昭所謂：「震☳，兩陰爻在貞、在悔，皆不動，故曰『皆八』」〔註30〕之說法，更直指韋昭之言同如杜預之般「不可信也」〔註31〕。

　　然反觀韋昭之注解貞〈屯〉䷂乃指〈屯〉䷂之內卦（即下卦）；悔〈豫〉䷏猶指〈豫〉䷏之外卦（即上卦），若此，即以〈屯〉䷂之下卦、〈豫〉䷏之上卦震☳，論其二陰爻。故而尚氏顯然已犯「得貞〈屯〉䷂悔〈豫〉䷏皆八」，「貞」、「悔」解讀之誤！

　　尚秉和此論「貞」、「悔」之義，猶襲程迥、朱熹「本卦」、「之卦」之說，與韋昭「內卦」、「外卦」之注本即不類，是以形成，何則無能言及〈屯〉卦䷂上六之矛盾！倘依韋昭之論假以尚氏之說，則「遇〈艮〉䷳之八，是謂遇〈艮〉䷳之〈隨〉䷐」，其〈艮〉卦䷳六二與〈隨〉卦䷐六二咸位於貞卦（即內卦）之處，理應稱之「貞〈艮〉䷳貞〈隨〉䷐皆八」，猶不得如尚氏所謂「貞〈艮〉䷳悔〈隨〉䷐皆八」之稱，然今有學者，同犯尚氏之病，且謂：

　　「皆八」之皆字，指的是在一卦的變化中，內外兩個經卦都有不變

　　之爻（「八」者當爲陰爻），而「某之八」，則是指不變之爻，只存在

〔註28〕尚秉和輯：〈論八〉，《周易古筮考》（北京：中國書店，1995年），卷9，葉13。

〔註29〕同上註。

〔註30〕參閱〔周〕左丘明撰，〔三國‧吳〕韋昭注：〈晉語四〉，《國語》（臺北：臺灣中華書局，1966年據士禮居黃氏重雕本校刊），卷第10，葉10。

〔註31〕同註28。

內外兩經卦之一，基于此，我們也就明白了爲什麼「〈艮〉䷳之八」
不稱爲「貞〈艮〉䷳悔〈隨〉䷐皆八」的原因了[註32]

此言猶如尚氏解「得貞〈屯〉䷂悔〈豫〉䷏皆八」，仍視貞爲本卦，悔爲之卦之意。稱本卦〈屯〉䷂變爲之卦〈豫〉䷏，其〈屯〉䷂、〈豫〉䷏上、下經卦咸有不變陰爻「八」之存在，故與〈艮〉䷳之八是謂〈艮〉䷳之〈隨〉䷐比較，即如尚秉和所云「貞〈艮〉䷳悔〈隨〉䷐」之說，是以所犯同然尚氏之般，誤以貞、悔爲本卦、之卦之義。

若此尚氏所提「史何不曰」之語，不亦可反視「貞」、「悔」二字，於其時實非程迥所言「本卦」、「之卦」之旁證，是以史不曰：「貞〈艮〉䷳悔〈隨〉䷐皆八」而乃稱之「遇〈艮〉䷳之〈隨〉䷐」爾。

韋昭之注，雖欠完備，然畢竟以卦之「內爲貞」、「外爲悔」釋之，惟尚氏猶依「本卦爲貞」、「之卦作悔」而相提並論，此貞「本」、悔「之」之說，與韋昭、杜預貞「內」、悔「外」之注，本即不類，其乃程迥、朱熹爲解「皆八」所創之詞，尚氏引之論證，愚以爲極其失當！莫怪乎，〔南宋〕趙汝楳（？）曾嘆曰：「《左傳》、《國語》載筮得八者凡三，〈艮〉䷳、〈泰〉䷊得八可以意推，唯正〈屯〉䷂悔〈豫〉䷏皆八難曉。」[註33] 故由趙氏之言而思韋、杜貞「內」、悔「外」之說，愚試以重解「貞〈屯〉䷂悔〈豫〉䷏皆八」之論。

第二節　貞〈屯〉䷂悔〈豫〉䷏皆八之探討

《尚書‧洪範》：「卜五占用，二衍忒，立時人作卜筮，三人占，則從二人之言。」[註34] 其言「卜五占用，二衍忒」，鄭玄注曰：

〔註32〕參閱韓慧英：〈《左傳》、《國語》筮數「八」之初探〉，《周易研究》2002年第5期，頁47。

〔註33〕〔南宋〕趙汝楳撰：〈先傳考第三‧《左傳》《國語》占法‧皆八〉，《筮宗》，收入嚴靈峯編輯《無求備齋易經集成》（臺北：成文出版社，1976年據清同治十二年奧東書局刊本影印），第154冊，頁86。

〔註34〕參閱十三經注疏本〈洪範第六〉，《尚書正義》（北京：北京大學出版社，2000年），卷第12，頁371～372。

卜五占之用謂：雨、濟、圍、蟊、尅也；二衍貮，謂：貞、悔也。
〔註35〕

鄭氏謂：卜事有五——雨、濟、圍、蟊、尅；筮事有二——貞、悔。即爲孔穎達所疏之意：「卜筮兆卦其法有七事，其卜兆用五，雨、霽、蒙、驛、克也。其筮占用二，貞與悔也。」〔註36〕

鄭玄且據《左傳·僖公十五年》：「其卦遇〈蠱〉☶☴，〈蠱〉☶☴之貞，風也；其悔，山也」〔註37〕而謂：「內卦曰貞……外卦曰悔……」〔註38〕。韋昭於注「得貞〈屯〉☵☳悔〈豫〉☳☷皆八」筮例亦云：「內曰貞，外曰悔」〔註39〕。

「三人占，則從二人之言。」鄭玄之注咸依《周禮》所述：「大卜掌三《兆》之灋，一曰『玉兆』，二曰『瓦兆』，三曰『原兆』」〔註40〕暨「簭人掌三《易》，以辨九簭之名，一曰《連山》，二曰《歸藏》，三曰《周易》。」〔註41〕故謂之：「卜、筮各三人，大卜掌三《兆》、三《易》。」〔註42〕韋昭訓「筮史占之，皆曰『不吉』」句，乃云：

> 筮史，筮人掌以三《易》，辨九筮之名，一、夏《連山》；二、殷《歸藏》；三、《周易》，以《連山》、《歸藏》占此兩卦，皆言不吉。〔註43〕

韋昭稱筮史即筮人之稱，其掌管夏《連山》、殷《歸藏》暨《周易》等三《易》筮法，以辨別九筮之名：「一曰巫更，二曰巫咸，三曰巫式，四曰巫目，五

〔註35〕參閱〔東漢〕鄭玄注，〔南宋〕王應麟輯，〔清〕孔廣林增訂：〈鴻範第十六〉，《尚書鄭注》（北京：中華書局，1985 年），卷 4，頁 51。

〔註36〕參閱十三經注疏本〈洪範第六〉，《尚書正義》（北京：北京大學出版社，2000 年），卷第 12，頁 373。

〔註37〕十三經注疏本《春秋左傳正義》（北京：北京大學出版社，2000 年），卷第 14，頁 429。

〔註38〕同註 35，頁 52。

〔註39〕參閱〔周〕左丘明撰，〔吳〕韋昭注：〈晉語四〉，《國語》（臺北：臺灣中華書局，1966 年據《士禮居黃氏重雕本》校刊），卷第 10，葉 10。

〔註40〕參閱十三經注疏本〈大卜〉，《周禮注疏》（北京：北京大學出版社，2000 年），卷第 24，頁 748。

〔註41〕同上註〈簭人〉，《周禮注疏》，卷第 24，頁 764。

〔註42〕同註 38。

〔註43〕參閱〔周〕左丘明撰，〔三國·吳〕韋昭注：〈晉語四〉，《國語》（臺北：臺灣中華書局，1966 年據士禮居黃氏重雕本校刊），卷第 10，葉 10。

曰巫易，六曰巫比，七曰巫祠，八曰巫參，九曰巫環」〔註44〕，且據之論斷吉凶。今筮史以《連山》、《歸藏》占此〈屯〉䷂、〈豫〉䷏兩卦皆言「不吉」。

韋氏又於「司空季子曰吉，是在《周易》，皆利建侯」句，注曰：「建，立也。以《周易》占之二卦，皆吉也。」〔註45〕

是以綜觀韋昭注解貞〈屯〉䷂悔〈豫〉䷏皆八，咸遵《周禮》、《左傳》之紀且依鄭玄之注說以釋。

再考〔唐〕賈公彥（？）所言：

> 筮時，《連山》、《歸藏》、《周易》亦三《易》並用。夏、殷以不變為占，《周易》以變者為占，亦三人各占一《易》，筮皆三占從二。三者，三吉為大吉，一凶為小吉，三凶為大凶，一吉為小凶。〔註46〕

賈氏稱，周人占筮之時，猶三《易》並用。夏、殷以「不變爻」為占，《周易》以「變爻」論斷，且三人各占一《易》，論占時，咸皆三占以從二。三占皆吉者為大吉，一凶者為小吉；三占皆凶者為大凶，一吉者為小凶。孔穎達猶且謂之：

> 〈洪範〉言卜筮之法，「三人占，則從二人之言。」孔安國云：「夏、殷、周卜筮各異，三法並卜，從二人之言。」是言筮用三《易》之事也。〔註47〕

孔穎達依孔安國（？）之言，謂〈洪範〉所稱：「三人占，則從二人之言」，乃論三《易》筮法並用且從二人以占之事。觀諸家所云，思「貞〈屯〉䷂悔〈豫〉䷏皆八」筮例，是否當從「三人占，則從二人之言」重新察考其真義！

今觀貞〈屯〉䷂悔〈豫〉䷏皆八筮例：

〔註44〕十三經注疏本〈簭人〉，《周禮注疏》（北京：北京大學出版社，2000年），卷第24，頁764。

〔註45〕同註43。

〔註46〕參閱十三經注疏本〈士冠禮第一〉，《儀禮注疏》（北京：北京大學出版社，2000年），卷第1，頁12。

〔註47〕參閱十三經注疏本《春秋左傳正義》（北京：北京大學出版社，2000年），卷第30，頁997。

　　筮史占之「皆」曰：不吉。閉而不通，爻無爲也。司空季子曰：吉。

　　是在《周易》，「皆」利建侯。不有晉國以輔王室，安能建侯？〔註48〕
筮史筮後論占之時，「皆」言不吉，且謂：「閉而不通，爻不動無爲也」；司空
季子答曰：「吉！就《周易》而言，〈屯〉卦䷂卦辭：『元、亨、利、貞，勿
用有攸往，利建侯』；〔註49〕〈豫〉卦䷏卦辭：『利建侯行師』，〔註50〕兩卦
『皆』適宜行師用兵建設治平侯國，倘無晉國以輔佐周王室，王室復何能安
定諸侯邦國？」

　　韋昭注解「『皆』曰不吉」，猶言：「以《連山》、《歸藏》占此兩卦，『皆』
言不吉。」尤須注意筮史、司空季子與韋昭三者「皆」字之運用！此字已清
楚明示，該筮例應爲兩次占筮所得之結果，一占得卦曰：〈屯〉卦䷂、二筮
得卦曰：〈豫〉卦䷏；且所用筮法肪始猶如〔東漢〕服虔（？）注《左傳‧
襄公九年》「遇〈艮〉䷳之八」所云：「爻在初六、九三、六四、六五、上九
惟六二不變，《連山》、《歸藏》之占，以不變者爲占。」〔註51〕及杜預所謂：
「《周禮》：『大卜掌三《易》。』然則雜用《連山》、《歸藏》、《周易》。二《易》
皆以七、八爲占」〔註52〕般，咸非《周易》之筮且爲《連山》、《歸藏》二法
筮得之結果。

　　由服虔、韋昭、杜預三家之言，清楚明白「之八」、「皆八」筮例，均非
《周易》筮法所占，故依言類推，得〈泰〉䷊之八同然如此二例，亦非《周
易》筮法所爲。且孔穎達曾云：

　　　武王伐殷，既勝，殺受，立其子武庚爲殷後，以箕子歸鎬京，訪以

　　　天道，箕子爲陳天地之大法，敘述其事，作〈洪範〉。〔註53〕

〔註48〕〔周〕左丘明撰，〔吳〕韋昭注：〈晉語四〉，《國語》（臺北：臺灣中華書局，
　　　　1966年據士禮居黃氏重雕本校刊），卷第10，葉10。
〔註49〕參閱十三經注疏本：《周易正義》（北京：北京大學出版社，2000年），卷第1，
　　　　頁39。
〔註50〕同上註，卷第2，頁99。
〔註51〕參閱〔清〕惠棟撰：《春秋左傳補註》，收入景印《文淵閣四庫全書‧經部175‧
　　　　春秋類》（臺北：臺灣商務印書館，1983年），第181冊，卷3，頁168。
〔註52〕參閱十三經注疏本《春秋左傳正義》（北京：北京大學出版社，2000年），卷
　　　　第30，頁997。
〔註53〕參閱十三經注疏本〈洪範第六〉，《尚書正義》（北京：北京大學出版社，2000
　　　　年），卷第12，頁351。

此乃孔氏陳述武王伐紂至箕子作〈洪範〉，敘天子「稽疑」之法：「卜五占用，二衍忒」之經過。

考箕子時代乃商末周初之際，箕子所言筮法「貞」、「悔」二字之連用，於諸先秦文獻中僅《國語》：「得貞〈屯〉☷☳悔〈豫〉☳☷皆八」筮例出現，縱如出土戰國竹簡數字卦乃至商周龜甲卜骨資料均无所悉，且《左傳》、《國語》所載「《周易》筮例」，咸皆「某卦之某卦」，亦無「貞」、「悔」二字之使用，故此可以推論「貞」、「悔」之法當非《周易》筮法。

鄭玄曾言：「夏曰《連山》、殷曰《歸藏》、周曰《周易》。」〔註54〕賈公彥疏解《周禮》：「凡國之大事，先簭而後卜」乙事，猶言：

> 按〈洪範〉云：「龜從筮逆」，又云「龜筮共違於人」。彼有先卜後筮，筮不吉又卜，與此《經》違者，彼是箕子所陳用殷法，殷質，故與此不同。〔註55〕

賈氏言〈洪範〉：「龜從筮逆」、「龜筮共違於人」之述，乃因商人有「先卜後筮」，「筮不吉又卜」之事，與《周禮》：「凡國之大事，先筮而後卜」之稱，及《禮記》：「卜筮不相襲」〔註56〕之說相違，且《周禮》、《禮記》卜筮之法乃以《周易》為主，鄭玄曾言：「卜不吉則又筮，筮不吉則又卜，是瀆龜筴也。」〔註57〕賈公彥猶云：「若筮不吉而又卜，是卜襲筮，故於筮凶，則止不卜。」〔註58〕是以賈氏且謂〈洪範〉之法，性質乃箕子所陳之殷法，與《周易》筮法有所相異。故此可推箕子陳述筮法「貞」、「悔」二字或乃殷法無異。〔清〕胡渭（1633～1714）亦曾言：

〔註54〕參閱〔東漢〕鄭玄注，〔南宋〕王應麟纂輯：〈易贊、易論〉，《周易鄭康成注》，收入嚴靈峯編輯：《無求備齋易經集成》第175冊（臺北：成文出版社，1976年據元刊本影印），頁55。

〔註55〕參閱十三經注疏本〈簭人〉，《周禮注疏》（北京：北京大學出版社，2000年），卷24，頁766。

〔註56〕《禮記‧曲禮上》：「卜筮不過三，卜筮不相襲」（參閱十三經注疏本〈曲禮上〉，《禮記正義》（北京：北京大學出版社，2000年），卷3，頁104）；《禮記‧表記》：「是故不犯日月，不違卜筮。卜筮不相襲也。」（參閱十三經注疏本〈表記第三十二〉，《禮記正義》，卷第54，頁1745。）

〔註57〕參閱十三經注疏本〈曲禮上〉，《禮記正義》（北京：北京大學出版社，2000年），卷3，頁104。

〔註58〕同註55。

貞、悔之名，自夏、商而已有，元、亨、利、貞、吉、凶、悔、吝
乃《周易》所繫之辭，豈貞、悔之名所由出乎？〔註59〕

胡渭稱「貞」、「悔」二字於夏、殷之時即有，質疑始自《周易》「元、亨、利、
貞、吉、凶、悔、吝」所繫之辭而來。顯然胡渭亦贊「貞」、「悔」非屬《周
易》筮法之列。

　　愚更且以爲〈屯〉䷂、〈豫〉䷏二卦之中，缺乏了「之」字作連屬，並
無「變」意居中，不能視爲本卦〈屯〉䷂、之卦〈豫〉䷏，反應視爲兩次
占筮所得之筮例。〔南宋〕朱熹於此問題，亦曾對其尊稱「老丈」、「大師」之
程迥提出相類之懷疑，然受限於「貞」、「悔」二字字義之不明，反自云其說
不妥而未有進一步之求證，其謂：

　　晉公子貞〈屯〉䷂悔〈豫〉䷏之占，韋氏舊注固有不通，而來示
　　之云，鄙意亦不能無所疑也。蓋以穆姜東宮之占言之，則所謂〈艮〉
　　䷳之八者，正指其所當占之爻而言之也；今云：「貞〈屯〉䷂悔〈豫〉
　　䷏皆八」也。而釋之以爲指「三爻之不變者」而言，則非其當占之
　　爻，而於卦之吉凶無所繫矣。據本文語勢似是連得兩卦，而皆不值
　　老陽、老陰之爻，故結之曰：「皆八」也。而占之曰：「閉而不通，
　　爻無爲也。」蓋曰「卦體不動，爻無所用占爾。」然兩卦之中亦有
　　陽爻，又不爲偏言「皆八」，則此說，似亦未安。〔註60〕

朱熹斥韋昭注解貞〈屯〉䷂悔〈豫〉䷏之說法本即不通，然對於程迥來信
所云：「貞〈屯〉䷂悔〈豫〉䷏皆八」，乃指「三爻不變」（猶三爻變）之說
法尚且存疑。更舉「〈艮〉䷳之八」依程氏：「五爻變，以不變爻占」〔註61〕
之說爲例，謂該筮所占猶專指〈艮〉䷳之不變爻「六二」而言，且據此以比

〔註59〕參閱〔清〕胡渭撰：《洪範正論》，收入景印《文淵閣四庫全書‧經部62‧書
　　　　類》（臺北：臺灣商務印書館，1983年），第68冊，卷5，頁71。
〔註60〕參閱〔南宋〕朱熹撰：〈答程可久〉，《晦安集》，收入景印《文淵閣四庫全書‧
　　　　集部83‧別集類》（臺北：臺灣商務印書館，1985年），第1144冊，卷37，
　　　　頁56。
〔註61〕參閱〔南宋〕程迥著：〈占例第七〉，《周易古占法上》，收入嚴靈峯編輯：《無
　　　　求備齋易經集成》（臺北：成文出版社，1976年），第154冊，頁11。

較「〈屯〉䷂、〈豫〉䷏」之筮。

朱熹稱「得貞〈屯〉䷂悔〈豫〉䷏皆八」若果為「三爻之不變」者，則循程氏《周易》占變之法：「二爻、三爻、四爻變，以本卦為貞，之卦為悔」〔註62〕解之，則該「三不變爻」，亦非其當占之爻，且於筮卦之吉凶全然無關。

是以朱子言其據文勢判斷，懷疑此乃連得兩卦惟皆不值老陽、老陰（無動爻）之筮例，故結尾稱之：「皆八」，且筮史猶占曰：「閉而不通，爻無為也。」蓋指「卦體不動，則無動爻可占」之意。然朱熹又稱因〈屯〉䷂、〈豫〉䷏兩卦之中咸有陽爻存在，倘無動爻之占，亦有策數「七」者出現，尚無能專言「皆八」之說，故而自覺此論似有不妥。

朱子或已醒悟〈屯〉䷂、〈豫〉䷏二卦之中並無「之」字連屬，本卦〈屯〉䷂變為之卦〈豫〉䷏之說法無能成立，是以有「連得兩卦」之疑，惟朱子亦惑於「貞」、「悔」二字字義之限制，始有「兩卦之中亦有陽爻，又不為偏言『皆八』」之迷誤；倘「貞」、「悔」不視為本卦、之卦，則〈屯〉䷂、〈豫〉䷏二卦之陽爻與皆「八」將不生牴觸，惟朱子猶然視之，若此「兩卦之說」依然無疾而終，致《易學啟蒙》仍援引程氏之說，歸為三爻變筮例，〔註63〕故遭黃澤之抨擊與駁斥。

朱子其時所謂「連得兩卦」已見本筮之訣竅，惟「貞」、「悔」字義之不明，反陷「不偏言皆八」之疑惑，因而忽略「之」字連屬之關鍵，以致无能深入求證，殊覺遺憾。然「之」字一義，兩宋朱震（？～1138）曾剖之甚明，其謂：「故在《春秋傳》曰某卦之某卦者，言其變也。」〔註64〕又曰：「所謂『之』卦者，皆變，而『之』他卦也。」〔註65〕更言：「凡所謂之某卦者，皆

〔註62〕 〔南宋〕程迥著：〈占例第七〉，《周易古占法上》，收入嚴靈峯編輯：《無求備齋易經集成》，第154冊，頁11。

〔註63〕 〔南宋〕朱熹撰：〈考變占〉，《周易啟蒙》，見〔清〕李光地等撰：《周易折中》，收入景印《文淵閣四庫全書‧經部32‧易類》（臺北：臺灣商務印書館，1983年），第38冊，卷20，頁502。

〔註64〕 參閱〔南宋〕朱震撰：《漢上易傳》，收入〔清〕徐乾學等輯，納蘭成德校刊《通志堂經解》（臺北：大通書局，1970年），《易》第1冊，卷1，頁441。

〔註65〕 參閱〔南宋〕朱震撰：《周易卦圖》，收入〔清〕徐乾學等輯，納蘭成德校刊

變；而『之』他卦也。」〔註66〕再再說明「之」字於筮法「變」之眞義。惟朱子猶無所惕，反陷「之」字圇圇，致未能一窺其奧，著實令人不解。

　　余培林先生對於「之」字，便曾引杜預、〔清〕毛奇齡（1623～1716）說法，作過一番頗有見地之解釋，其曰：

> 「之」字如何解釋？「〈艮〉䷳之八或〈艮〉䷳之〈隨〉䷐的「之」字，是一個很重要的字，杜氏此處無注，是由於前面已有注釋。《左傳・莊公二十二年》「遇〈觀〉䷓之〈否〉䷋。」杜注：「〈觀〉䷓六四變而爲〈否〉䷋。」〈閔公元年〉「遇〈屯〉䷂之〈比〉䷇。」杜注：「〈屯〉䷂初九變而爲〈比〉䷇。」杜氏把「之」字解作「變而爲」，簡單的說就是「變爲」或「變」，這是正確的解釋。《左傳》、《國語》以及其他古書中的「某卦之某卦」的「之」字，都應作如此解（毛奇齡「之」爲「往」，〔註67〕「往」與「變」義相成）。〔註68〕

「之」字即「變」者之意。觀余氏之言，可見「貞〈屯〉䷂悔〈豫〉䷏皆八」之例，其與遇〈艮〉䷳之八、得〈泰〉䷊之八，彼此明顯之差異，即在於〈屯〉䷂、〈豫〉䷏二卦之間確無「之」字作連繫，更可由「遇〈艮〉䷳之八，是謂遇〈艮〉䷳之〈隨〉䷐」清楚比較得見。

　　李鏡池先生亦曾謂：「《左傳》《國語》常說某卦『之』某卦，如〈觀〉䷓之〈否〉䷋、〈屯〉䷂之〈比〉䷇之類；『之』者，變也。」〔註69〕是以既無「之」字存在，又如何確定，〈屯〉䷂、〈豫〉䷏二卦，何者爲本卦？抑何者爲之卦？此疑問，毛奇齡猶早已提出，其稱：

　　　　《通志堂經解》，《易》第 1 冊，卷上，頁 619。

〔註66〕參閱〔南宋〕朱震撰：《周易叢說》，收入〔清〕徐乾學等輯，納蘭成德校刊
　　　　《通志堂經解》（臺北：大通書局，1970 年），《易》第 1 冊，頁 655。

〔註67〕毛奇齡謂：「『之』者，往也。」（參閱〔清〕毛奇齡撰：〈春秋內傳〉，《春秋
　　　　占筮書》（臺北：廣文書局，1974 年），卷 1，頁 4。）

〔註68〕參閱余培林先生：〈《左傳》、《國語》「之八」舊說質疑〉，《中國學術年刊》第
　　　　29 期（秋季號）（2007 年 9 月），頁 3。

〔註69〕參閱李鏡池先生：〈《左》《國》中《易》筮之研究〉，收入顧頡剛著：《中國古
　　　　史研究》（臺北：光復書局，1985 年），第 3 冊，頁 179。

且有遇貞〈屯〉䷂悔〈豫〉䷏皆八者，不知遇卦、之卦？何謂皆
八？何謂皆不變？吾不解也。〔註70〕

毛奇齡提此疑惑，其原因即出於二卦之中無「之」字聯繫，是以何者爲遇卦
（本卦）？何者爲之卦？則全然無從解釋；且因此，何謂「皆八」？何謂「皆
不變」？毛氏亦無能以解。此疑議，洎乎胡渭始提出確切看法，其言：

按《春秋傳》凡言筮所得卦必曰：「遇某之某」，如遇〈觀〉䷓之〈否〉
䷋，則占〈觀〉䷓六四爻辭，遇〈大有〉䷍之〈睽〉䷥，則占
〈大有〉䷍九三爻辭是也。而此獨不然，曰：「得貞〈屯〉䷂悔〈豫〉
䷏」，故韋注以爲得此兩卦，震☳在〈屯〉䷂爲貞，在〈豫〉䷏
爲悔，解甚明確。或云本卦〈屯〉䷂爲貞，之卦〈豫〉䷏爲悔非
也。信如所釋，則當曰「遇〈屯〉䷂之〈豫〉䷏」矣。〔註71〕

胡渭稱《春秋傳》中凡言占筮有得之卦者，必曰「遇某之某」，且以遇〈觀〉
䷓之〈否〉䷋、遇〈大有〉䷍之〈睽〉䷥等二例，以區別「得貞〈屯〉䷂
悔〈豫〉䷏皆八」彼此之差異。

其謂，因本卦〈觀〉䷓六四爻變而得之卦〈否〉䷋，故占變爻六四爻
辭，若此而稱「遇〈觀〉䷓之〈否〉䷋」；本卦〈大有〉䷍九三爻變，而
得之卦〈睽〉䷥，是以占之〈大有〉䷍九三爻辭，且謂「遇〈大有〉䷍之
〈睽〉䷥」，惟「得貞〈屯〉䷂悔〈豫〉䷏皆八」之例獨不然，故韋昭注
以得此兩卦〈屯〉䷂、〈豫〉䷏，其小成震卦☳在〈屯〉䷂之內卦爲貞，
在〈豫〉䷏之外卦爲悔，胡渭贊其解甚爲明確。

胡渭更斥「本卦〈屯〉䷂爲貞，之卦〈豫〉䷏爲悔」之說法爲非，且
稱倘若如此，猶當稱「遇〈屯〉䷂之〈豫〉䷏」而非「得貞〈屯〉䷂悔〈豫〉
䷏」。

胡渭乃洎朱熹疑惑「兩卦說」以降，始謂此乃「兩筮所得」之第一人，

〔註70〕〔清〕毛奇齡撰：《易小帖》，收入景印《文淵閣四庫全書・經部 35・易類》
（臺北：臺灣商務印書館，1983 年），第 41 冊，卷 4，頁 590。

〔註71〕參閱〔清〕胡渭撰：《洪範正論》，收入景印《文淵閣四庫全書・經部 62・書
類》（臺北：臺灣商務印書館，1983 年），第 68 冊，卷 5，頁 72。

猶首位視韋昭注解「得貞〈屯〉䷂悔〈豫〉䷏皆八」爲「兩筮所得」，非「本卦、之卦」〔註72〕之論者，雖然，〔唐〕劉禹錫（772～842）於論本筮時，尚曾以〈屯〉䷂、〈豫〉䷏兩卦各自「世爻」分占釋之，〔註73〕惟不若胡渭此般之明言，是以，「首位」之說，愚仍以胡氏屬之。

胡渭於解本筮「八」字之義時猶言：

> 其專言震☳者，何也？長子主器，有侯象，公子筮得國，志在建侯，故獨有取乎震☳也。其曰「貞〈屯〉䷂悔〈豫〉䷏皆八」者，韋注以爲兩卦震☳，二陰皆不變，然所得無之卦，筮史概云爻無爲，司空季子亦占二象，則似兩卦六爻皆不變，而此獨言震☳二陰者，欲成乎其爲君，喜震體☳之不變也。〔註74〕

胡渭稱韋昭之所以專言震☳者，乃因震☳爲長子，主才能大器具有諸侯之象，是以公子重耳志在建立侯國，於筮得國之占，惟特取震☳以徵之。

胡渭又言韋昭注以〈屯〉䷂、〈豫〉䷏兩卦震☳，其二陰皆不變，且所得咸無之卦，是以筮史蓋稱「爻無爲」，更且司空季子亦占二象，看似兩卦六爻全然不變。惟何以韋昭獨云「震☳及二陰者」，乃因重耳意欲成爲諸侯國君，則尤喜震☳體〔註75〕穩重不變之故。

觀胡渭之言，曠然章顯其咸承韋昭之注「八」者，即表震卦☳暨其兩不變陰爻之意。其更謂：

> 《易》有初筮、原筮，「原」，再也；猶「原蠱」之原。得國大事，

〔註72〕本文第三章第一節則推論稱：「然依現存周《易》筮法而言，筮得本卦〈屯〉䷂，其動爻須爲初九、六四、九五爻者，方成變卦〈豫〉䷏，如此，本卦〈屯〉䷂之內卦與變卦〈豫〉䷏之外卦，始咸能成爲小成震卦☳。韋昭雖无明言，惟確然已將本例依周《易》筮法，視爲三爻變之筮例。」（詳本文頁69。）

〔註73〕參閱〔唐〕劉禹錫撰：〈論下·辯《易》九、六論〉，《劉賓客文集》，收入景印《文淵閣四庫全書·集部16·別集類》（臺北：臺灣商務印書館，1985年），第1077冊，卷7，頁371。

〔註74〕參閱〔清〕胡渭撰：《洪範正論》，收入景印《文淵閣四庫全書·經部62·書類》（臺北：臺灣商務印書館，1983年），第68冊，卷5，頁72。

〔註75〕震☳爲龍。（參閱十三經注疏本〈說卦第九〉，《周易正義》（北京：北京大學出版社，2000年），卷第9，頁388。）按：龍自古即表君主象徵。

　　　公子用原筮，故既遇〈屯〉䷂又遇〈豫〉䷏也。〔註76〕

胡渭稱晉公子重耳筮得國爲君之大事，是以初筮得〈屯〉䷂，原筮得〈豫〉䷏，且解此「原」字之意，猶如《周禮》：「若有馬訟，則聽之，禁原蠶者。」〔註77〕鄭玄所注：「原，再也」〔註78〕之般。若此胡渭即言：「由是觀之貞〈屯〉䷂悔〈豫〉䷏其爲再筮得兩卦，而非遇〈屯〉䷂之〈豫〉䷏益明矣！」〔註79〕其後，全祖望（1705～1755）於「得貞〈屯〉䷂悔〈豫〉䷏皆八」之說，可謂全然因襲胡渭之論，其曰：

> 韋注曰：「內卦爲貞，外卦爲悔，震☳下坎☵上，〈屯〉䷂；坤☷下震☳上，〈豫〉䷏，得此兩卦，震☳在〈屯〉䷂爲貞，在〈豫〉䷏爲悔，其兩陰爻皆不動。」然則是兩筮所得也。蓋初筮得〈屯〉䷂，原筮得〈豫〉䷏，其二體各有震☳，而一在內，一在外，皆得八焉。故其曰貞〈屯〉䷂、曰悔〈豫〉䷏，謂合兩筮而共一震☳，故分貞、悔以別之，後人不知，竟以本卦、之卦之貞、悔當之，宜其舛戾而難合已。〔註80〕

全氏於回答學生董秉純提問時，咸采胡渭之說，視韋昭注解「貞〈屯〉䷂悔〈豫〉䷏皆八」爲「兩筮所得」，非「本卦、之卦」之論者。

　　全氏以爲本筮例韋注：「得此兩卦」之意，乃初筮得〈屯〉卦䷂，再筮得〈豫〉䷏，連兩筮之結果；筮得卦體各有小成震卦☳，一在〈屯〉䷂之內卦、一在〈豫〉䷏之外卦，且陰爻皆得不變策數「八」。

　　全氏更稱，所以曰貞〈屯〉䷂、曰悔〈豫〉䷏，乃因兩筮所得咸有小

〔註76〕參閱〔清〕胡渭撰：《洪範正論》，收入景印《文淵閣四庫全書‧經部62‧書類》（臺北：臺灣商務印書館，1983年），第68冊，卷5，頁72。

〔註77〕參閱十三經注疏本〈馬質〉，《周禮注疏》（北京：北京大學出版社，2000年），卷第30，頁929。

〔註78〕同上註。

〔註79〕同註76。

〔註80〕〔清〕全祖望撰：〈易問目答董秉純〉，《經史問答》，收入《續修四庫全書‧子部‧雜家類》（上海：上海古籍出版社，1995年據清乾隆三十年刻本影印），第1147冊，卷1，頁582。

成震卦 ☳，而爲注明震卦 ☳ 各處〈屯〉䷂、〈豫〉䷏內、外之故，是以分貞、悔以別之。全氏亦言後人不知其原，竟以本卦爲貞、之卦爲悔稱之，恐此悖謬錯誤之論，難獲合理之解釋。故而全氏猶譏朱熹「連得兩卦說」之自誤，其謂：

> 朱子之謂：「連得兩卦」，是也。其疑兩卦中有陽爻，何以偏言皆八，則疑之泥者；蓋兩卦之震 ☳，二陰不動，則以兩陰爲主，故曰「皆八」，惜乎朱子之未見及此也。〔註81〕

全祖望稱朱子之云：「連得兩卦」說法正確，卻可惜拘執於所疑兩卦之中咸有陽爻，至無能通曉其意，以致未明「皆八」，乃指〈屯〉䷂、〈豫〉䷏兩卦之貞、悔，爲小成震 ☳ 卦且包含二陰爻不動之義。

全氏更且駁斥程迥「三爻變」之說法，其言：

> 倘如沙隨之說爲〈屯〉䷂之〈豫〉䷏，是三爻變也。其不變之三爻，在〈屯〉䷂亦八，在〈豫〉䷏亦八固已夫；三爻變，以變爲主，安得尚以「八」稱之？是在古筮家無此文也。〔註82〕

全祖望稱倘如程迥所稱〈屯〉䷂、〈豫〉䷏筮例乃「〈屯〉䷂之〈豫〉䷏」三爻變者，則其不變之三爻——六二、六三、上六，於〈屯〉䷂、〈豫〉䷏之中亦爲策數「八」。然依《周易》筮法占變而論，果爲三爻變者，猶須以變爲主，又如何以不變策數「八」稱之？其於古筮家中絕無此文之例。

全氏斥程迥若視「得貞〈屯〉䷂悔〈豫〉䷏皆八」爲爻變筮例，則不該以皆「八」不變爻稱之，其說頗爲合理，然全氏於解「得貞〈屯〉䷂悔〈豫〉䷏皆八」，訓「八」者乃指「震卦 ☳ 暨其兩陰爻」，咸承胡渭之說，全采韋昭之論，惟韋氏此言於本文第三章業已證其矛盾無能成立，是以胡、全二氏於「八」字之解亦不可采，惟釋「得貞〈屯〉䷂悔〈豫〉䷏皆八」，爲「兩筮所得」之論，則甚有見地，可謂已獲其眞諦所在。

〔註81〕〔清〕全祖望撰：〈易問目答董秉純〉，《經史問答》，收入《續修四庫全書・子部・雜家類》（上海：上海古籍出版社，1995 年據清乾隆三十年刻本影印），第 1147 冊，卷 1，頁 582。

〔註82〕同上註。

　　〔清〕李光地（1642～1718）亦曾檢討程迥〈屯〉䷂、〈豫〉䷏三爻變說且謂：

> 至內、外《傳》言得「八」者三，一曰：〈泰〉䷊之八，則不變者也；一曰：貞〈屯〉䷂悔〈豫〉䷏皆八，則三爻變者也；一曰〈艮〉䷳之八為〈艮〉䷳之〈隨〉䷐，則五爻變者也。諸儒以「八」為不動之爻，攷之文意，似未符協。蓋三占者，雖變數不同，然皆無專動之爻，則其為用卦一也；卦以「八」成，故以「八」識卦，猶之爻以九、六成，則以九、六識爻云爾。〔註83〕

李光地稱內、外《傳》言得「八」筮例者計有三：〈泰〉䷊之八屬不變爻，貞〈屯〉䷂悔〈豫〉䷏皆八屬三爻變，〈艮〉䷳之八屬五爻變。且李氏謂眾儒以「八」為不動爻之說校諸三「八」筮例文意，似有不妥未協之處。

　　李氏意指三「八」筮例，雖爻變之數不同，惟各卦咸無專指動爻為何，卻盡皆言「八」，若然，此「八」字當指用卦，且為同一用卦，而非爻意，是以咸稱為「八」。

　　李氏據「八卦而小成」〔註84〕之說，故謂「八」乃象徵「經卦」之意，猶如動爻稱「九」、「六」，故以「九」、「六」而識動爻。

　　觀李氏之言，三「八」筮例其「八」字乃指「經卦」而論，雖無明指何卦？然或依《呂氏春秋》、《黃帝內經》所紀「八」者乃東方震卦☳之說，且抑由韋昭「貞、悔」筮例之注震☳以判，李氏此云，恐指「小成震☳卦且不含該卦之兩陰爻」而言。

　　然愚甚不明，倘「之八」、「皆八」，其「八」字果如李氏之說指「用卦」而言，則此「卦」者為何？何以李氏不予直言，卻待後人猜解？惟今有學者余培林先生卻采此說法且謂：

> 至於，「皆八」的「八」，當然就是震☳。不過，這個震☳不是「別

〔註83〕〔南宋〕朱熹撰：〈考變占第四〉，《易學啟蒙》，見〔清〕李光地等撰：《周易折中》，收入景印《文淵閣四庫全書‧經部32‧易類》（臺北：臺灣商務印書館，1983年），第38冊，卷20，頁520。

〔註84〕十三經注疏本〈繫辭上第七〉，《周易正義》（北京：北京大學出版社，2000年），卷第7，頁332。

卦」，而是「經卦」。韋昭注說：「八，謂震☳。」他已經說對了。

可惜他被「八」是不變之爻的說法所圍，後來又回到爻上去找，而

說：「兩陰爻在貞、在悔，皆不動，故曰『皆八』」。〔註85〕

余先生咸承李光地之論，直言皆「八」者乃指小成震☳卦且不含其兩不變陰爻在內，亦謂韋昭注：「八，爲震卦☳及兩不變陰爻」之說法，乃自囿於「不變爻」而有誤。余先生更且稱「之八」、「皆八」其「八」字，僅單指震卦☳而不含其不變之二陰爻，是以謂之：

〈艮〉☶之八，筮史說：「是爲〈艮〉☶之〈隨〉☱。」〈隨〉☱的內卦是震☳，符合「八」的條件。〔註86〕

余先生以〈隨〉卦☱內卦爲小成震卦☳，故言此乃符合「之八」、「皆八」爲震卦☳說之條件，且以此推論〈泰〉☷之八：「它的之卦中必定有震☳」〔註87〕而言：

如果內卦爲震☳，則是〈泰〉☷之〈復〉☷；如果外卦爲震☳，則是〈泰〉☷之〈大壯〉☳。而以變爲〈復〉☷的可能性較大。因爲變爲〈大壯〉☳，只要用〈泰〉☷六四爻辭占之即可，如變爲〈復〉☷，則有二變爻，不知用哪一個爻辭來占。朱熹《易學啓蒙》說：「二爻變，則以上變爻辭占之。」這只是他「以例推之」，並無實據，不足爲憑。董因引〈泰〉☷卦辭「亨，小往大來」占之，由此看來，〈泰〉☷變爲〈復〉☷是大有可能的。〔註88〕

余先生以爲「之八」、「皆八」咸指震卦☳，是以〈泰〉☷之八筮例雖無「之卦」參照，然尚能推測其之卦若非〈大壯〉☳則爲〈復〉卦☷，乃因〈大壯〉☳之外卦爲小成震卦☳、〈復〉☷之內卦亦爲小成震卦☳之故。

余先生稱變爲〈復〉卦☷之可能大於〈大壯〉☳。若變爲〈大壯〉☳

〔註85〕參閱余培林先生著：〈《左傳》、《國語》「之八」舊說質疑〉，《中國學術年刊》第 29 期（秋季號）（2007 年 9 月），頁 7。

〔註86〕同上註。

〔註87〕同上註，頁 8。

〔註88〕同上註。

僅占〈泰〉卦䷊六四爻辭：「翩翩不富以其鄰。不戒以孚。」〔註89〕然變爲〈復〉卦䷗，則有九二、九三二爻之變，倘依朱熹〈考變占〉：「二爻變，則以本卦二變爻辭占，仍以上爻爲主」〔註90〕之說而論，當以〈泰〉卦䷊九三：「无平不陂，无往不復。艱貞无咎。勿恤其孚，于食有福」〔註91〕論占，惟因朱熹己云：「《經》《傳》無文，今以例推之當如此」〔註92〕，因此余先生以爲此乃朱熹臆測之法於實無據，不足爲憑，故尙能以九二爻辭：「包荒，用馮河，不遐遺，朋亡。得尙于中行」〔註93〕以占，然究竟以何爻爲占，余先生亦無交待，惟據其稱董因援引〈泰〉卦䷊卦辭：「亨，小往大來」以占之說，其意仍以變卦爲〈復〉卦䷗之可能最大。

余先生不采〈大壯〉䷡以論，或因〈泰〉卦䷊六四爻辭與董因之占辭無能聯繫之故，然愚卻不明余氏又何以反覆改取〈復〉卦䷗之由？或恐因〈泰〉卦䷊之外卦坤☷爲陰、爲小、居外爲往，內卦乾☰爲陽、爲大、居內爲來，倘「之卦」爲〈復〉䷗，其外卦坤☷亦爲陰、爲小、爲往之象，且占辭既云「小往大來」，若此二者對照抑較顯相類已夫。

然思上述臆論，愚以爲果采〈泰〉䷊之八是謂〈泰〉䷊之〈復〉䷗，則其理仍顯不足。參照〈艮〉䷳之八是謂〈艮〉䷳之〈隨〉䷐，筮史以〈隨〉卦䷐占之且謂：「〈隨〉䷐，其出也。君必速出」〔註94〕；再觀貞〈屯〉䷂悔〈豫〉䷏皆八筮例，司空季子曰：「吉，是在《周易》，皆『利建侯』」，咸與〈屯〉䷂、〈豫〉䷏兩卦卦辭：「利建侯」有所關聯，是以「遇〈艮〉之八」、「得貞〈屯〉䷂悔〈豫〉䷏皆八」筮例，全然與所占「遇卦」或「之卦」卦辭有所干係。

〔註89〕參閱十三經注疏本《周易正義》（北京：北京大學出版社，2000 年），卷第 2，頁 81。

〔註90〕〔南宋〕朱熹撰：〈考變占第四〉，《易學啓蒙》，見〔清〕李光地等撰：《周易折中》，收入景印《文淵閣四庫全書・經部 32・易類》（臺北：臺灣商務印書館，1983 年），第 38 冊，卷 20，頁 502。

〔註91〕同註 89，頁 80。

〔註92〕同註 90。

〔註93〕同註 89，頁 79。

〔註94〕參閱十三經注疏本《春秋左傳正義》（北京：北京大學出版社，2000 年），卷第 30，頁 998。

今以〈復〉卦䷗卦辭：「亨。出入无疾，朋來无咎。反復其道，七日來復，利有攸往。」〔註95〕比對「得〈泰〉䷊之八」董因占辭：「是謂天地配亨，小往大來，今及之矣。何不濟之有，且以辰出而以參入，皆晉祥也。」〔註96〕兩者之間顯然毫無任何關聯，縱以〈泰〉䷊之九二、九三爻辭論之，猶同然一般。

是以余先生倘據「八」字猶如李光地視之爲「卦」且爲震卦☳，更將其置入「得〈泰〉䷊之八」以釋，若能符合前揭「遇〈艮〉䷳之八是謂遇〈艮〉䷳之〈隨〉䷐」暨「得貞〈屯〉䷂悔〈豫〉䷏皆八」兩筮相類之結果方顯合理，然今以試，卻適爲其反，故其言「八爲震卦☳」之說，愚以爲論據猶尙不足。

浸假其言「得〈泰〉䷊之八」既可爲「得〈泰〉䷊之〈大壯〉䷡」尙可爲「得〈泰〉䷊之〈復〉䷗」者，豈「遇〈艮〉䷳之八」不亦有「遇〈艮〉䷳之〈歸妹〉䷵」、「遇〈艮〉䷳之〈頤〉䷚」或「遇〈艮〉䷳之〈小過〉䷽」諸般之可能爾？

更且比較三卦卦辭，〈歸妹〉䷵：「征凶，无攸利。」〔註97〕〈頤〉卦䷚：「觀頤，自求口實。」〔註98〕〈小過〉䷽：「亨，利貞。可小事，不可大事，飛鳥遺之音，不宜上，宜下，大吉。」〔註99〕惟〈歸妹〉䷵卦辭倘依〔北宋〕程頤（1033～1107）之告誡：「征凶，動則凶也」〔註100〕，宜靜不宜動方吉之義，豈非與〈艮〉卦䷳卦旨相符，且與〈隨〉卦䷐卦意不亦相反？然筮史又何取〈隨〉卦䷐而不采〈歸妹〉䷵以占？若此而論，果眞已淪如黃澤所

〔註95〕參閱十三經注疏本《周易正義》（北京：北京大學出版社，2000年），卷第3，頁131。

〔註96〕參閱〔周〕左丘明撰，〔三國・吳〕韋昭注：〈晉語四〉，《國語》（臺北：臺灣中華書局，1966年據士禮居黃氏重雕本校刊），卷第10，葉11～12。

〔註97〕參閱十三經注疏本《周易正義》（北京：北京大學出版社，2000年），卷第5，頁257。

〔註98〕同上註，卷第3，頁143。

〔註99〕同上註，卷第6，頁287。

〔註100〕參閱〔北宋〕程頤撰：《伊川易傳》，收入景印《文淵閣四庫全書・經部3・易類》（臺北：臺灣商務印書館，1983年），第9冊，卷4，頁366。

言：「占者無定法」〔註101〕、「是占無定據矣」〔註102〕之類耳。爲此全祖望特駁李光地且謂：「安溪別爲之說，其所謂卦以八成者，於用八之旨，尤謬！」〔註103〕愚頗同全氏之意。

今有學者吳前衡先生自創「盲卦」一詞以解「得貞〈屯〉☷☳悔〈豫〉☳☷皆八」筮例，其言：

> 按：此筮占辭明言文出《周易》。貞〈屯〉☷☳悔〈豫〉☳☷即「〈屯〉☷☳之〈豫〉☳☷」，其爲三爻變卦，本屬「盲卦」。以〈屯〉☷☳、〈豫〉☳☷兩卦：辭變通之，方有解。《周易·屯》的卦辭是：「元亨，利貞。勿用有攸往，利建侯。」《周易·豫》的卦辭是：「利建侯，行師。」此例筮案與它們相同。〔註104〕

吳氏仍依程迥、朱熹之論，視「得貞〈屯〉☷☳悔〈豫〉☳☷皆八」爲三爻變筮例，猶如「得〈屯〉☷☳之〈豫〉☳☷」般，訓「貞」、「悔」同然「本卦」、「之卦」。且言本筮本屬「盲卦」，因以〈屯〉☷☳、〈豫〉☳☷二卦卦辭「變通」方始解之。

吳氏所稱「盲卦」一詞，考古今文獻咸無紀載，《周易集解》、《道藏》亦無所悉。其言：

> 盲卦是不通之卦，非一爻變卦皆屬盲卦，占筮要中止下來。「八」是筮過盲卦的占筮術語。變通是在筮法之外找到的變盲卦爲通卦的途徑。〔註105〕

吳氏謂「盲卦」即指「不通」之卦，凡占筮非「一爻變」者咸皆屬之。「八」

〔註101〕 參閱〔元〕黃澤撰：《易學濫觴》，收入景印《文淵閣四庫全書·經部 18·易類》（臺北：臺灣商務印書館，1983 年），第 24 冊，頁 8。

〔註102〕 同上註。

〔註103〕 〔清〕全祖望撰：〈易問目答董秉純〉，《經史問答》，收入《續修四庫全書·子部·雜家類》（上海：上海古籍出版社，1995 年據清乾隆三十年刻本影印），第 1147 冊，卷 1，頁 582。

〔註104〕 參閱吳前衡撰：〈春秋《易》文本〉，《中國文化月刊》第 200 期（1996 年 6 月），頁 61。

〔註105〕 同上註，頁 67，註七。

字即為筮遇「盲卦」之占筮術語。然「變通」則於「筮法」之外另將「盲卦」變為「通卦」，使之得以占通之途徑。是以吳氏又謂：

> 「盲卦」是用以指稱依筮法不能占通之卦的術語，一般來說，一爻變卦稱通卦，非一爻變卦稱盲卦。有些非一爻變卦繞過筮法而得以占通，稱「變通」，其直接意思就是變盲卦為通卦，其文義也與《繫辭》中諸「變通」的用法相諧。〔註106〕

吳氏於此更清楚解釋「盲卦」即指依「筮法」無能占通「之卦」之術語，且「一爻變」者稱「通卦」，非一爻變者即謂「盲卦」。繞過筮法而使「盲卦」得以占通者，稱「變通」，亦指變「盲卦」為「通卦」，且「變通」之文義與《周易‧繫辭》諸義相諧。

吳氏採擷《繫傳》所言：「『變而通之以盡其利』，『窮則變，變則通，通則久』」〔註107〕以釋其何以「產生出變盲卦為通卦」〔註108〕之理論依據。且言「《周易》是春秋諸《易》的主流文本」〔註109〕，故所稱之「筮法」即指《周易》筮法而言，是以謂之：

> 所謂春秋筮法實際上是春秋之世與《周易》相配的筮法，因為唯《周易》有文本能與筮法相互稽考，別《易》文之不見，筮法何考？〔註110〕

吳氏更加說明其言「春秋筮法」乃指《周易》筮法，且因僅《周易》具文本能與筮法相互稽考，然別之《易》文不見，故筮法亦無以得知。

吳氏既稱「『八』是筮遇盲卦的占筮術語」〔註111〕，是以其猶視「得〈泰〉☷☰之八」：「本屬盲卦，運用卦辭進行變通才得以為占。」〔註112〕且遵韋昭之

〔註106〕參閱吳前衡撰：〈春秋《易》文本〉，《周易研究》1997年第1期，頁24。
〔註107〕參閱吳前衡撰：〈春秋筮法〉，《中國哲學史》1996年第4期，頁60。
〔註108〕同上註。
〔註109〕吳前衡撰：〈春秋《易》文本〉，《中國文化月刊》第200期（1996年6月），頁59。
〔註110〕同註107，頁58。
〔註111〕同上註，頁59。
〔註112〕同註109，頁60。

論，訓本筮爲「0 爻變卦一例」〔註113〕。

吳氏同然稱「遇〈艮〉䷳之八」爲「盲卦」之筮，其謂：

> 此例明言文出《周易》。此例有五個變爻，爲不能占通之盲卦。史官
> 以「隨」的字面義變通，穆姜以〈隨〉䷐的卦辭變通。〔註114〕

吳氏猶視「遇〈艮〉䷳之八」屬五爻變「盲卦」之占。其言史官以「隨」字之義變通，穆姜以〈隨〉卦䷐卦辭變通，故而本筮得以占通。

吳氏將內、外《傳》三「八」筮例，全然歸屬《周易》筮法，且采《繫辭》「變通」精神以文，稱此三筮之例乃「盲卦」之占，更稱凡非一爻變者即屬「盲卦」之筮，且言：

> 筮遇非一爻變卦稱之以「八」並中止占筮，使其卦爲盲，是變卦之
> 法唯取一爻變卦的反面表現及其操作規定。〔註115〕

吳氏稱占筮之時，遇非一爻變者即稱之以「八」且中止此占之進行，使其成爲「盲卦」，此乃變卦之法僅取「一爻變卦」之反向手段及操作規定。

浸假其言果眞，愚反疑惑，既以《周易》筮法論占，然《周易》筮法則以《繫辭上傳》：「是故四營而成《易》，十有八變而成卦，八卦而小成。」〔註116〕堪稱現存最早之《周易》筮法。張圖雲先生即言：

> 事實上，傳世的《周易》和出土的戰國及漢代簡帛《周易》、例如上
> 海博物館從香港購藏的戰國楚簡《周易》、汲冢戰國魏簡《周易》、
> 馬王堆西漢帛書《周易》、東漢熹平石經《周易》等等，都只載卦象
> 和經文，不附筮法說明，因而關於古代《周易》筮法的信息資料，
> 今人所知甚少。在已有的文獻材料中，有關揲算方法的記載，以成
> 書于戰國時期的《繫辭》「大衍之數」章爲最早。〔註117〕

〔註113〕參閱吳前衡撰：〈春秋筮法〉，《中國哲學史》1996 年第 4 期，頁 59。

〔註114〕參閱吳前衡撰：〈春秋《易》文本〉，《中國文化月刊》第 200 期（1996 年 6 月），頁 61。

〔註115〕同註 113。

〔註116〕參閱十三經注疏本〈繫辭上第七〉，《周易正義》（北京：北京大學出版社，2000 年），卷第 7，頁 331～332。

〔註117〕參閱張圖雲：〈《周易》揲扐算法結果數的出現概率及考古應用〉，《貴州教育學院學報》第 23 卷第 6 期（2007 年 12 月），頁 48。

張先生稱今傳本及各類出土戰國乃至漢代簡帛《周易》，全然僅紀卦、爻象辭，
獨缺筮法說明。現存相關揲算筮法以成書於戰國時期之《繫辭》「大衍之數」
章爲最早。

　　吳前衡先生既引《繫辭》「變通」之說，則其所稱《周易》筮法，當指
《繫辭》「大衍之數」章而言。〔唐〕孔穎達曾謂：「筮法爻從下起，故以下
體爲內，上體爲外。」〔註 118〕且云：「如此三變既畢乃定一爻。六爻則十
有八變，乃始成卦也。」〔註 119〕若此，果「得貞〈屯〉䷂悔〈豫〉䷏皆
八」爲三爻變筮例，則本卦〈屯〉䷂初九、六四、九五爻變方始成〈豫〉
䷏，試問「筮遇非一爻變卦皆稱爲『八』，並中止占筮」之說倘若爲眞，
成卦立爻之時，乃自下而上，當逢六四爻再變之時，本卦已出現第二爻變，
所稱「盲卦」亦已形成，此筮即應中止，若然又如何筮出九五爻之變？而
得〈豫〉卦䷏？

　　猶且遇〈艮〉䷳之八是謂遇〈艮〉䷳之〈隨〉䷐，本卦〈艮〉卦䷳成
卦立爻而得初六、九三、六四、六五、上九五爻變，始成之卦〈隨〉䷐，然
吳氏既稱此乃五爻變「盲卦」之筮，請問，初六已變，再遇九三第二爻亦變，
又何以本筮卻無中止，仍得六四、六五、上九總計五爻之變？

　　更且得〈泰〉䷊之八既以韋昭之論視爲無爻變「盲卦」之占，故稱「之
八」，惟吳氏可否知悉，韋氏曾謂「故得〈泰〉䷊之八與貞〈屯〉䷂悔〈豫〉
䷏皆八義同」，然其「得貞〈屯〉䷂悔〈豫〉䷏皆八」乃稱「以《連山》、
《歸藏》占此兩卦皆言不吉」，故論此占爲二《易》所爲，是以韋氏所稱「得
〈泰〉䷊之八」亦乃二《易》之占，若此吳氏其斥「杜預所謂『雜用三《易》』
乃無據之言，不可信」〔註 120〕之說，豈非猶如〔元〕雷思齊「彼之《連山》、
《歸藏》爲眞，然此卻不可信」之矛盾一般。

　　再者「遇〈乾〉䷀之〈否〉䷋」，吳氏稱之：

〔註 118〕參閱十三經注疏本〈洪範第六〉，《尚書正義》（北京：北京大學出版社，2000
　　　　年），卷第 12，頁 374。

〔註 119〕參閱十三經注疏本〈繫辭上第七〉，《周易正義》（北京：北京大學出版社，2000
　　　　年），卷第 7，頁 332。

〔註 120〕參閱吳前衡撰：〈春秋筮法〉，《中國哲學史》1996 年第 4 期，頁 58。

按：此例爲三爻變卦，依筮法當爲盲卦。其占斷之辭「配而不終」云云，不知何出，與《周易》之〈乾〉☰、〈否〉☰兩卦了無關係。〔註121〕

吳氏既言「遇〈乾〉☰之〈否〉☰」爲三爻變「盲卦」之占，何以無「八」字出現？且本卦〈乾〉☰初九、九二、九三，三爻之變方成之卦〈否〉☰，成卦立爻自下至上，初九已變、逢九二又變何以不予中止？且持續以占而成三爻之變？

更且占斷之辭「配而不終」既云「不知何出」？猶如其言《左傳·僖公十五年》其卦遇〈蠱〉☶：「此例筮法不詳」〔註122〕、《左傳·成公十六年》其卦遇〈復〉☷：「此筮法不詳，形式同於上例。」〔註123〕二筮屬不變爻，占辭同然「不知何出」，何以不列入「盲卦」？更且無如「得〈泰〉☷之八」般有「八」字出現？而謂「遇〈蠱〉☶之八」、「得〈復〉☷之八」？

吳氏爲解內、外《傳》三「八」筮例，依循韋昭「得〈泰〉☷之八」無爻變之論，且參程迥、朱熹「得貞〈屯〉☷悔〈豫〉☷皆八」三爻變之說，以其自創「盲卦」一辭含蓋三者之論，然三者於三「八」筮例之說，本文已於第三章詳加批駁予之否定，且以《繫傳》「大衍之法」反釋所謂「盲卦」之說亦矛盾百出，吳氏曾己言：

> 法則就是規定，它不允許不可判定的陳述，名爲法則而實則不可判定，肯定是不可信的。〔註124〕

既稱法則即爲規定，不允許不可判定之陳述，惟稍予驗證「盲卦」之說，猶已發現諸般無法解釋之衝突存在，即如所云「名爲法則而實則不可判定」之般，若然是否亦如所稱「肯定是不可信之」乎？吳氏又謂：

> 古代經師們，多在「爲貞」、「爲悔」等技巧性上轉來轉去，其工作

〔註121〕參閱吳前衡撰：〈春秋《易》文本〉，《中國文化月刊》第 200 期（1996 年 6 月），頁 65。

〔註122〕同上註，頁 64。

〔註123〕同註 121。

〔註124〕參閱吳前衡撰：〈春秋筮法〉，《中國文化月刊》第 200 期（1996 年 6 月），頁 38。

毫無意義。近代易學名家高亨，以「宜變之爻」的新創見改造朱熹
筮法，曾給變卦理論的突破帶來希望，但這希望還是破滅了，根源
仍是理論取向迷失。〔註125〕

吳氏輕忽「貞」、「悔」之義且斥高亨（1900～1986）「宜變之爻」改造朱熹筮
法希望之破滅，根源乃是「理論取向」之迷失。惟吳氏此般之言，可曾反思
己論之創見是否亦同然高氏之迷失？

　　另有學者俞志慧先生，以「文字訓詁」方式，重新考定貞〈屯〉䷂悔〈豫〉
䷏皆八之「八」字爲「分」，且由「分」假借爲「半」暨而訓「八」亦爲「半」
字之義，其言：

　　无論「八」與「分」是轉注字還是古今字，二者關系之密切是顯而
易見的，這一點對本文討論的問題很重要，因爲文獻材料中有一些
借「分」爲「半」的例子，如《左傳・哀公元年》楚國大夫子西謂
吳王闔閭「在軍，熟食者分而後敢食」，《說苑・權謀》載其事，作
「食熟者半而後食」，易「分」作「半」，知「分」乃「半」的借字。
又如《春秋公羊傳・莊公四年》「師喪分焉」，東漢何休（129～182）
《解詁》曰：「分，半也。師喪亡其半。」釋「分」爲「半」，知「分」
與「半」可互訓。再如張頷編纂的《古幣文編》中收錄一布尖，編
者指出其中一「分」字借爲「半」。可見先秦迄東漢時期，「分」與
「半」二字是可以假借的。既然可以借「分」爲「半」，當然也可以
借「八」爲「半」，因爲如上述「八」、「分」同出一源。〔註126〕而
上舉這三則材料皆與《國語・晉語四》的時代相近，可作爲釋「貞
〈屯〉悔〈豫〉皆八」之「八」爲「半」的重要證據。〔註127〕

〔註125〕參閱吳前衡撰：〈春秋筮法〉，《中國文化月刊》第 200 期（1996 年 6 月），頁
　　　　 39。
〔註126〕按：俞志慧先生以《說文・八部》所述及戴家祥先生之解，且引〔清〕黃生
　　　　 （？）《字詁》之說，考定「八」與「分」二字同出一源，意義全同。（詳參
　　　　 俞志慧先生：〈《國語・晉語四》「貞屯悔豫皆八」爲宜變之爻與不變之爻皆半
　　　　 說〉，《中國哲學史》2007 年第 4 期，頁 74。）
〔註127〕同上註，頁 74～75。

俞志慧先生上舉：(一)、《左傳・哀公元年》楚國大夫子西謂吳王闔閭「在軍，熟食者分而後敢食」；(二)、《春秋公羊傳・莊公四年》「師喪分焉」；(三)、張頷先生《古幣文編》「分」字借爲「半」字之說等三例，說明先秦迄東漢「分」與「半」二字互爲假借。

　　且言既可「分」、「半」通假，猶然可以借「八」爲「半」，更且三者時代咸與貞〈屯〉䷂悔〈豫〉䷏皆八筮例相近，故而可作爲「八」字即爲「半」字之重要證據。俞志慧先生復依此而言：

> 有一點仍是確定的，那就是相關爻位之變與不變：本卦〈屯〉䷂初爻、四爻、五爻爲宜變之爻，二爻、三爻、上爻爲不變之爻，變而爲〈豫〉卦䷏，其中本卦宜變之爻與不變之爻各一半。當時「八」、「半」常通作，於是「皆半」書作「皆八」。〔註128〕

俞氏仍以貞爲本卦、悔爲之卦，且以高亨先生「宜變、不變」之概念，視貞〈屯〉䷂悔〈豫〉䷏皆八爲三爻變筮例，抑以「八」爲「半」字之義，做爲「皆八」即「本卦〈屯〉䷂宜變之爻初、四、五與不變之爻二、三、上，各一半皆三爻」之意。然俞氏於解〈艮〉䷳之八、〈泰〉䷊之八筮例時卻言：

> 至于與同期的「〈艮〉䷳之八」、「〈泰〉䷊之八」纏繞在一起討論，更是不僅不利于理解「貞〈屯〉䷂悔〈豫〉䷏皆八」，甚至也妨礙對「〈艮〉䷳之八、〈泰〉䷊之八」的理解，後二者之「八」前俱无「皆」字，仍不妨按照大衍之數減去各爻營數之和的差去理解。
>
> 〔註129〕

俞先生稱由於〈艮〉䷳之八、〈泰〉䷊之八二者无「皆」字存在，是以不適用「八」爲「半」字之說，倘三者混而一談，不僅不利理解「皆八」筮例，更且妨礙「之八」筮例之釋，建議不妨再循高亨先生「大衍之數減去各爻營數之和」以解之。

〔註128〕俞志慧先生：〈《國語・晉語四》「貞屯悔豫皆八」爲宜變之爻與不變之爻皆半說〉，《中國哲學史》2007 年第 4 期，頁 76。
〔註129〕同上註。

　　俞氏言下即指〈艮〉☶、〈泰〉☷之八，其「八」字非如「皆八」之「八」字，二者（或三者）不可一概而論。然愚不明，俞先生既言三者咸乃「同期」筮例，何則一「八」須有二（或三）解？

　　浸假「八」爲「半」字可言，復何以〈艮〉☶、〈泰〉☷二筮反另以它法訓之？況所用之法，乃其所稱：「盡管有時也能偶合」〔註130〕，卻不用之以解「貞〈屯〉☳悔〈豫〉☷皆八」筮例之高亨「宜變之法」？若此「一事二法」昭然章顯，猶如劉禹錫、程迥諸家訓解三「八」筮例般之前後矛盾。是以廖名春先生即反駁其論而言：

> 這一解釋，在這裡似乎說得過去，但放到「《艮》☶之八」、「《泰》☷之八」裡，則扞格不通，因爲「《艮》☶之八」、「《泰》☷之八」並沒有宜變之爻和不變之爻各半的現象。因此，俞氏只好說二者沒圓有「皆」字，不宜與「貞《屯》☳悔《豫》☷皆八」混爲一談。
>
> 這種辯解，捉襟現肘，說服力實在有限。〔註131〕

廖名春先生直斥俞氏一「八」「二或三」式之「辯解」，乃「捉衿見肘」欠缺說服之力。爲此廖名春先生亦采「文字訓詁」方式，另提出個人之看法，其言：

> 《韓非子・五蠹》篇說：「古者，蒼頡之作書也，自環者謂之私，背私謂之公，公私之相背也，乃蒼頡固以知之矣。」這是說「公」字由「八」和「厶（私）」會意，而「公」字裡所從的「八」，就是反背的「背」。《說文・八部》也說：「八，別也。象分別相背之形。凡八之屬皆從八。」又說：「公，平分也。從八從厶。八猶背也。《韓非》曰：『背厶爲公。』」很明顯，《說文》釋「公」字也接受了《韓非子》的說法，「八猶背也」，就是說「八」猶如反背的「背」。《書・舜典》「分北三苗」，龔道耕（1876〜1941）《唐寫殘本尚書釋文考

〔註130〕俞志慧先生：〈《國語・晉語四》「貞屯悔豫皆八」爲宜變之爻與不變之爻皆半說〉，《中國哲學史》2007 年第 4 期，頁 76。

〔註131〕參閱廖名春先生著：〈《左傳》、《國語》易筮言「八」解〉，發表於「中山人文思想暨第六屆海峽兩岸《周易》學術研討會」（臺北：國父紀念館，2009 年11 月 28〜29 日），頁 7。

證》：「山井鼎引足利本：『北』作『仒（川）』。」古文作「川」，「字從重八」。「北」可讀爲「背」，疑「重八」的「仒（川）」原本即爲「八」，而「八」即「北（背）」。〔註132〕

廖先生以《韓非子・五蠹》篇暨《文言・八部》、《書・舜典》之說，且參顧頡剛（1893～1980）、劉起紆援引龔道耕之作〔註133〕，兼采〔清〕江聲（1721～1799）「古文作『川』，『字從重八』」〔註134〕之訓，而疑「重八」之「仒（川）」字，原本爲「八」，且「八」即「北（背）」字。故而依此謂之：「《左傳・襄公九年》的『遇《艮》之八』的『八』字也當如此。」〔註135〕且云：

> 「遇《艮》☶☶之八」即「遇《艮》☶☶之背」，是說筮得的本卦是《艮》☶☶，但本卦中的上、下兩個八卦艮☶皆反背，上艮☶陰陽反背變爲兌☱，下艮☶上下反背變爲震☳，結果變成了下震☳上兌☱的《隨》。所以「史曰：是謂《艮》☶☶之《隨》☱☳」，是說「《艮》☶☶之八」就是「《艮》☶☶之《隨》☱☳」。而☱☳《艮》卦變爲☱☳《隨》卦的秘密就在於其上下兩艮☶的反背。所以，這裡的「八」並非筮數，應該是「背」，是反背、反對的意思。〔註136〕

廖先生質疑「八」字即爲「背」字，「背」猶反背之意，是以〈艮〉☶☶之「背」，乃指〈艮〉卦☶☶上、下小成艮卦☶咸皆「陰陽反背」〔註137〕之意。

> 廖氏稱上艮☶乃依〔東晉〕韓康伯（？）所謂之「錯」、孔穎達所言之「變」，〔註138〕亦即「陰陽交錯」之法以變，其初、二兩陰爻變陽，三爻則由陽轉陰，故由艮卦☶變成兌卦☱；下艮☶乃據

〔註132〕參閱廖名春先生著：〈《左傳》、《國語》易筮言「八」解〉，發表於「中山人文思想暨第六屆海峽兩岸《周易》學術研討會」（臺北：國父紀念館，2009 年 11 月 28～29 日），頁 4。
〔註133〕同上註，頁 4，註 14。
〔註134〕同上註，註 15。
〔註135〕同上註，頁 4。
〔註136〕同上註。
〔註137〕按：廖名春先生稱之「陰陽反背」。（同上註，頁 4，註 16。）
〔註138〕同上註，頁 4，註 16。

韓氏所言之「綜」、孔穎達所謂之「覆」，〔註139〕猶如「相反」之意，

故稱下艮☶反覆變爲震卦☳。

廖先生將「遇〈艮〉☶之八」其「八」字訓爲「反背」，且以「錯卦」、「綜卦」概念以解，更且定其爲「上錯下綜」。若然，愚頗納悶，廖先生何由得知〈艮〉☶之背，乃上錯下綜之「背」？試問「上綜下錯」之「背」倘爲上、下皆「綜」抑或上、下咸「錯」能否？

> 縱不論「疑『八』爲『背』」之「疑」字何如，既稱〈艮〉☶之八即〈艮〉☶之「背」，本該全〈艮〉☶皆「背」，又何以分其「上錯下綜」之「背」？莫非〈隨〉卦☳之故，是以「憑票入門，對號入座」？廖先生更且依此以釋「得貞〈屯〉☳悔〈豫〉☳皆八」
> 筮例，其曰：

筆者認爲「貞《屯》☳悔《豫》☳，皆八也」裡的「八」字，仍當依《韓非子・五蠹》篇和《說文》視爲「背」，是反背、不順的意思。〔註140〕

　　廖先生同然循「八」乃「背」字之義，以解「皆八」筮例，然此「背」字已非〈艮〉☶之八「綜、錯」之意，改以「反背、不順」之說，儼然不殊之「背」另采一方之解，其謂：

> 筮史是以卦名解釋《屯》卦☳、《豫》卦☳之義。《象傳》：「屯，剛柔始交而難生。」《說文・中部》：「屯，難也。象艸木之初生，屯然而難。」《經典釋文》：「屯，張倫反，難也。」孔穎達：「屯，難也。剛柔始交而難生，初相逢遇，故云『屯，難也』。」皆是以「屯」爲「難」。「屯」義爲「難」，故筮史以《屯》卦☳卦名解釋《屯》卦☳之義，以爲反背，出師不利，故說「不吉」。《繫辭傳》說：「重門擊柝，以待暴客，蓋取諸《豫》☳。」韓康伯注：「取其備豫。」所謂「重門擊柝」，是設置多重門禁而敲梆警戒；所謂「暴客」，就

〔註139〕參閱廖名春先生著：〈《左傳》、《國語》易筮言「八」解〉，發表於「中山人文思想暨第六屆海峽兩岸《周易》學術研討會」（臺北：國父紀念館，2009 年 11 月 28～29 日），頁 4，註 17。

〔註140〕同上註，頁 7。

是指外來的暴徒強寇。晉公子重耳想回晉國爲君，筮得的《豫》卦䷏
卻有「重門擊柝，以待暴客」之象，自然「不吉」，所以說「八」，
也就是「背」。爲什麼筮史又說「閉而不通，爻無爲也」呢？《豫》
卦䷏有「重門擊柝」之義，故可以說「閉」。前進的路上是「屯難」，
國人又「重門擊柝，以待暴客」，《屯》卦䷂、《豫》卦䷏的卦名都
有這樣的含義，晉公子重耳想回國爲君，自然是無望了。所以說「不
通」、「無爲」。筮得的《屯》卦䷂卦義爲「背」，而得到的之卦《豫》
䷏卦義也同樣是「背」，兩者都是「背」。所以「皆八」，也就是「皆
背」，都是不順。〔註141〕

廖先生爲解皆八之「皆」字，故以〈屯〉䷂、〈豫〉䷏二卦卦義，兼撮《繫
傳》、《說文》、《經典釋文》之解且依韓康伯、孔穎達之疏，而言二卦全然「艱
困、志忘」故，是以稱之「皆」八，且將「八」即「背」字另采「反背、艱
難」相對以釋，若此以解「貞〈屯〉䷂悔〈豫〉䷏皆八」筮例之意。

其說，猶如俞志慧先生般，咸視貞、悔爲本卦、之卦，且此「八」字之
訓迥異於之「八」「交錯、綜反」之論。

尤有甚者，其訓「得〈泰〉䷊之八」，或恐因無相對之卦對應，然爲求
該筮得解，是以更易「八」乃「背」字之說，反掇以「句讀」方式解之，其
謂：

> 筆者認爲，只有跳出以「八」爲筮數的怪圈，才能破解這一《易》
> 學史上的難題。我們知道，「八」重文爲「仈」，因此，「八」與「仈」
> 有形訛的可能。《玉篇·八部》：「仈，古文別。」《字詁·八》：「仈，
> 古別字。」《書·舜典》「分仈三苗」。江聲《集注音疏》：「凡仈字
> 今皆改作別。」《說文·八部》：「仈，分也。從重八。八，別也。
> 亦聲。」朱駿聲《通訓定聲》：「仈，經傳皆以別爲之。」如此說來，
> 「仈」實爲古之「別」字。而「別」有辨別、分析的意思，也有決

〔註141〕參閱廖名春先生著：〈《左傳》、《國語》易筮言「八」解〉，發表於「中山人文
思想暨第六屆海峽兩岸《周易》學術研討會」（臺北：國父紀念館，2009 年
11 月 28～29 日），頁 7。

－222－

斷的意思。《荀子・宥坐》：「孔子爲魯司寇，有父子者，孔子拘之，三月不別，其父請止，孔子舍子。」楊倞注：「別，猶決也，謂不辨別其子之罪。」疑分析、斷定《周易》卦象卦義也可稱之爲「別」。因此，「臣筮之，得《泰》䷊之八。曰：是謂天地配，亨，小往大來」一段，我們可以將其標點爲：「臣筮之，得《泰》䷊。之八曰：『是謂天地配，亨，小往大來』。」〔註142〕

由於「得〈泰〉䷊之八」不若「遇〈艮〉䷳之八是謂遇〈艮〉䷳之〈隨〉䷐」，且與「得貞〈屯〉䷂悔〈豫〉䷏皆八」不類，咸無兩卦以資對應，因而無以循此二例亦采「八」乃「背」或「難」意以解，是以廖先生另依各式「音韻」書典，諸如《說文・八部》：「仌，分也。從仌重八。八，別也。亦聲。」〔清〕朱駿聲（1788～1858）《通訓定聲》：「仌，經傳皆以別爲之」等等之說，改易「八」字訓以「別」義，且言「疑分析、斷定《周易》卦象卦義也可稱之爲『別』」，故改弦「臣筮之，得〈泰〉䷊之八」之句讀而爲「臣筮之，得〈泰〉䷊。之八」云云，俾「得〈泰〉䷊」不與「之八」直接連繫，另分成兩段語句。更依此而謂：

> 「之」是「其」的意思，文獻屢見。「之八曰」即「其仌（別）曰」。而「別」是董因的分析，也是董因對《泰》卦䷊的斷辭。其中「亨，小往大來」，是董因稱引《泰》卦䷊的卦辭。『天地配』，是董因對《泰》卦䷊卦象意義的分析。這種決斷之辭，就叫做「別」。「別」有分別、分析之義，「其別曰」即「其分析曰」。此種意義上的「別」也常通作「辨」或「辯」。因此，「其別曰」也可作「其辨曰」或「其辯曰」，也就是「其辨析曰」。其意思其實就相當於「其解曰」。〔註143〕

廖先生將「得〈泰〉䷊之八」一語分爲「得〈泰〉䷊」、「之八」兩句，「之八」且以〔清〕王引之（1766～1834）《經傳釋詞》〔註144〕之訓而謂「『之』

〔註142〕參閱廖名春先生著：〈《左傳》、《國語》易筮言「八」解〉，發表於「中山人文思想暨第六屆海峽兩岸《周易》學術研討會」（臺北：國父紀念館，2009 年 11 月 28～29 日），頁 9。
〔註143〕同上註，頁 10。
〔註144〕同上註，頁 10，註 43。

是『其』」之意，更以高亨、董治安《古字通假會典》「辯與別」、「辨與別」〔註145〕之述，又言「『別』常通作『辨』或『辯』」，若此而稱「之八曰」乃「其別曰」，亦謂「其辨曰」或「其辯曰」，二者猶如「其辨析曰」，全然即爲「其解曰」之意。

是以「得〈泰〉䷊之八曰」，依廖氏句讀法之解，則成「得〈泰〉䷊。之八曰」亦即「得〈泰〉䷊。其解曰」。

然廖先生曾否思考，倘其所謂「『疑』分析、斷定《周易》卦象卦義也可稱之爲『別』」之說果眞成立，則朱駿聲所云：「乂，經傳皆以『別』爲之」之語亦當能置入〈艮〉䷳之八、貞〈屯〉䷂悔〈豫〉䷏皆八二筮之「八」以訓，若此，〔南宋〕趙汝楳所稱：「正〈屯〉䷂悔〈豫〉䷏句絕，『皆八』自爲一句」〔註146〕之語，豈非同然「得〈泰〉䷊。之八曰」般如法炮製？更且「遇〈艮〉䷳之八」無異可稱爲「遇〈艮〉䷳。之八，史曰：『是謂遇〈艮〉䷳之〈隨〉䷐』」乎？若然，則「得〈泰〉䷊。之八曰」復該何言？

廖先生以可資對應之「八」字，訓爲「背」或「難」意，然無從想像參照者卻更張曰「辨或辯」意，如此一「八」諸解之勢，尤甚於俞氏之「二或三」解，其稱俞氏「捉襟現肘，說服力實在有限」之語，不殊即如反求諸己之言爾。惟另觀全祖望之解猶然相類，亦無勝其幾希！

全祖望視貞〈屯〉䷂悔〈豫〉䷏皆八筮例爲「兩筮所得」之持論，乃築基於韋昭貞「內」、悔「外」之說，是以其謂：「由今觀之，則韋注內、外，貞、悔之說，本自了然，而世勿深考，遂滋惑耳。」〔註147〕今觀全氏「皆八」

〔註145〕參閱廖名春先生著：〈《左傳》、《國語》易筮言「八」解〉，發表於「中山人文思想暨第六屆海峽兩岸《周易》學術研討會」（臺北：國父紀念館，2009 年11 月 28～29 日），頁 10，註 45。

〔註146〕參閱〔南宋〕趙汝楳撰：〈先傳考第三・皆八〉，《筮宗》，收入嚴靈峯編輯：《無求備齋易經集成》（臺北：成文出版社，1976 年據清同治十二年奧東書局刊本影印），第 154 冊，頁 88。

〔註147〕〔清〕全祖望撰：〈易問目答董秉純〉，《經史問答》，收入《續修四庫全書・子部・雜家類》（上海：上海古籍出版社，1995 年據清乾隆三十年刻本影印），第 1147 冊，卷 1，頁 582。

之解，即如韋昭之注，猶視「八」乃「震卦☳及其不變兩陰爻」之意。然全氏又言：

> 貞、悔之例有變爻，則以本卦、之卦分之；無變爻，則以內卦、外
> 卦分之，原不可易，獨此所云貞、悔則別有說。〔註148〕

全祖望稱逢變爻之筮，其貞、悔則以本卦、之卦分之；無變爻者，猶以內卦、外卦以釋，且謂此乃不可改易之事，惟「得貞〈屯〉☷☳悔〈豫〉☳☷皆八」者，則另當別論，又有他說。

全氏「貞」、「悔」論點仍循程、朱一脈，端視有無變爻以定「本」、「之」、「內」、「外」之分，猶然爲能另解「得貞〈屯〉☷☳悔〈豫〉☳☷皆八」之筮，而采一式「貞、悔」兩套之釋，更且「『八』爲震☳暨兩不變陰爻」之說，亦不相垺於「之八」筮例。

全氏尙且依門生董秉純猶如朱熹〈考變占〉：「四爻變，則以『之卦』二不變爻占，仍以下爻爲主；五爻變，則以『之卦』不變爻占」〔註149〕之翻版所言：「夫筮法以兩爻或一爻不變始占七、八」〔註150〕之說法，而將「得〈泰〉☷☰之八」其「八」字另釋爲「不變陰爻」，且將〈泰〉☷☰之八訓爲〈泰〉☷☰之〈剝〉☶☷。〔註151〕

全氏若此一「八」二解，咸爲各自解讀「之八」、「皆八」所采之手段，然此矛盾則致使後人无能接受其另言「獨此所云貞、悔，則別有說」之論，故其「之八」、「皆八」之說亦未獲學界之贊同。

是以歷來猶然遵循程迥、朱熹之言，仍視「得貞〈屯〉☷☳悔〈豫〉☳☷皆八」，蓋由〈屯〉卦☷☳變爲〈豫〉卦☳☷之筮例，故而「得貞〈屯〉☷☳悔〈豫〉☳☷皆八」與「遇〈乾〉☰之〈否〉☴」，同然歸入《春秋》內、外《傳》，

〔註148〕　〔清〕全祖望撰：〈易問目答董秉純〉，《經史問答》，收入《續修四庫全書・子部・雜家類》，第 1147 冊，卷 1，頁 582。

〔註149〕　〔南宋〕朱熹撰：〈考變占第四〉，《易學啓蒙》，見〔清〕李光地等撰：《周易折中》，收入景印《文淵閣四庫全書・經部 32・易類》（臺北：臺灣商務印書館，1983 年），第 38 冊，卷 20，頁 502。

〔註150〕　同註 148。

〔註151〕　全祖望謂：「愚因此六卦推之，以爲當日所遇者，〈泰〉☷☰之〈剝〉☶☷也。」（同上註。）

三爻變之例，亦因此，歷代對於「之八」、「皆八」問題之矛盾、疑惑則愈益更顯迷離。

　　細觀司空季子自始至終，咸以相對《周易》筮法之成卦，論占貞〈屯〉䷂悔〈豫〉䷏皆八筮例，以〈屯〉卦䷂、〈豫〉卦䷏之繇辭，且搭配兩卦之小成震☳、坎☵、坤☷卦之卦象予以占斷，其原文如下：

> 震☳，車也；坎☵，水也；坤☷，土也；〈屯〉䷂，厚也；〈豫〉䷏，樂也。車班外內順以訓之，泉原以資之，土厚而樂其實，不有晉國何以當之？震☳，雷也、車也；坎☵，勞也、水也、眾也。主，雷與車，而尚水與眾，車有震武，眾順文也。文武具，厚之至也，故曰〈屯〉䷂，其繇曰：「元亨利貞，勿用有攸往，利建侯。」主震☳，雷，長也，故曰「元」；眾而順，嘉也，故曰「亨」；內有震雷，故曰「利貞」。車上水下必伯，小事不濟，壅也，故曰「勿用有攸往」，一夫之行也。眾順而有武威，故曰利建侯。坤☷，母也；震☳，長男也。母老子彊，故曰〈豫〉䷏，其繇曰利建侯行師，居樂出威之謂也。是二者得國之卦也。〔註152〕

由上文清楚發現，司空季子視〈屯〉䷂、〈豫〉䷏兩卦，猶如《周易》筮法不變爻筮例，即如遇〈屯〉䷂、遇〈豫〉䷏一般，故以二者卦辭及彼此之內、外小成卦象各自解析。

　　此情形理可推斷貞〈屯〉䷂悔〈豫〉䷏皆八，於占得之初，其〈屯〉䷂之貞卦六二、六三必與〈豫〉䷏之悔卦六五、上六，咸為策數「八」之陰爻；之所以如此而言，乃因策數「八」於《周易》筮法即代表不動無為之意。

　　惟重點在於筮史占之，皆曰「不吉」並謂「閉而不通，爻無為也。」然司空季子卻立即曰：「吉，是在《周易》」且以《周易》筮法接而論之，其間章顯出令人想象之訊息——是否筮史於其筮法占得「八」之策數，乃異於《周易》用法，反屬「動爻」之意？換言之，亦即三《易》策數「九、六、七、

〔註152〕〔周〕左丘明撰，〔吳〕韋昭注：〈晉語四〉，《國語》（臺北：臺灣中華書局，1966 年據《士禮居黃氏重雕本》校刊），卷第 10，葉 10。

八」之占法，於《連山》、《歸藏》乃與《周易》顛倒運用？《連山》、《歸藏》占「七、八」爲動爻，《周易》則占「九、六」以用？此假設之根據乃依黃澤之說而來，其謂：

> 澤以爲《周易》每爻皆稱九稱六者，所以見遇九、遇六而後可用其爻之辭占；今若用占不變爻，則是兼用七、八矣，非經九、六之意也。但著法雖頗存，而變爻之法亦已闕矣。民間決疑又不可廢，故世俗相傳因仍訛謬以求變卦。〔註153〕

黃澤以爲《周易》每爻咸稱九稱六，所以逢遇九、遇六之變爻，則以該爻辭爲占；若占不變爻者，則兼用策數七、八，且以其不變之爻辭爲占，亦毋須該爻之策數爲九、或六，方始爲之。故黃澤認爲著法雖頗存，然變爻之法則已闕佚，惟民間決疑之事又不可廢，是以民間世俗則會有訛謬相傳之變卦法出現。

　　黃澤之疑即可與現下相反於傳統之假設相互契合：「七」、「八」乃《連山》、《歸藏》之占變；「九」、「六」猶《周易》之變爻，然畢竟此仍僅爲假設，尚須驗證以求其合理、適切。此項推測，〔南宋〕程迥亦曾提出相類惟又大相逕庭之說法，其謂：

> 《連山》、《歸藏》宜與《周易》數同而其辭異。先儒謂《周易》以變者占，非也；《連山》、《歸藏》以不變者占，亦非也。古之筮者兼用三《易》之法，衛元之筮遇〈屯〉䷂曰：「利建侯。」是《周易》，或以不變者占也；季友之筮遇〈大有〉䷍之〈乾〉䷀曰：「同復于父，敬如君所。」此固二《易》辭也。既之〈乾〉䷀則用變矣。是《連山》、《歸藏》或以變者占也。〔註154〕

程迥言《連山》、《歸藏》二《易》，其策數應與《周易》「七、八、九、六」相同而占辭相異。且指凡持「《周易》以變者占、《連山》、《歸藏》以不變者

〔註153〕參閱〔元〕黃澤撰：《易學濫觴》，收入景印《文淵閣四庫全書‧經部18‧易類》（臺北：臺灣商務印書館，1983年），第24冊，頁8～9。

〔註154〕參閱〔南宋〕程迥著：〈占說第八〉，《周易古占法》上，收入嚴靈峯編輯：《無求備齋易經集成》（臺北：成文出版社，1976年），第154冊，頁17。

占」之「先儒」，其說法皆非。

　　程迥舉孔成子筮立元遇〈屯〉䷂不變爻，以證《周易》亦有以不變者占之例，又以閔公二年魯桓公卜季友之筮，遇〈大有〉䷍之〈乾〉䷀一爻變占辭：「同復于父，敬如君所。」非屬《周易》之文乃爲二《易》之辭，而稱二《易》亦占變爻之證。

　　程氏之言，看似有理，然卻乃強奪之辭。倘今以《周易》爲占，必以「九」、「六」動爻爲用，若無動爻者，則屬六爻不變，沙隨先生，亦自言以《卦》、《象》爲占，〔註155〕今「遇〈屯〉䷂」之筮，無變爻，則以卦辭「利建侯」〔註156〕以占，此乃《周易》遇不變爻之占法，與程氏言：「《周易》，或以不變者占也」本即相埒，二者有何差異？

　　且遇〈大有〉䷍之〈乾〉䷀乃六五爻變之筮，依程迥所云《周易》一爻變者，猶「以變爻占」〔註157〕，考〈大有〉䷍六五爻辭：「厥孚交如，威如，吉。」〔註158〕與占辭：「同復于父，敬如君所。」雖有不同，然孔穎達曾言：

> 此雖六五爻變，不取《周易》之文，筮者推演卦意，自爲其辭也。離☲是乾☰子，遷變爲乾☰，故云「同復于父」，言其尊與父同也。國人敬之，其敬如君之處所，言其貴與君同也。《說卦》：「乾☰爲君父。」言其身之尊，則云「同復于父」；言其爲人所敬，則云「敬如君所」。屬意異，故分爲二也。〔註159〕

就孔氏之言，此占辭乃筮者依本卦六五爻變，其上卦離☲變爲之卦上卦乾☰，故同取離☲、乾☰二者卦意，且配以六五乃君位之爻所推演之辭，雖

〔註155〕程迥曰：「六爻不變，以《卦》、《象》占；內卦爲貞，外卦爲悔。」（參閱〔南宋〕程迥著：〈占例第七〉，《周易古占法》上，收入嚴靈峯編輯：《無求備齋易經集成》（臺北：成文出版社，1976年），第154冊，頁9。）

〔註156〕〈屯〉卦䷂卦辭：「元亨，利貞，勿用有攸往，利建侯。」（參閱十三經注疏本《周易正義》（北京：北京大學出版社，2000年），卷第1，頁39。）

〔註157〕同註155，頁10。

〔註158〕參閱十三經注疏本《周易正義》（北京：北京大學出版社，2000年），卷第2，頁93。

〔註159〕十三經注疏本《春秋左傳正義》（北京：北京大學出版社，2000年），卷第11，頁354。

非以〈大有〉䷍六五爻辭論占，然仍屬《周易》筮法。

　　是以，趙汝楳稱此筮例乃「兩卦之變爻占」〔註160〕。惟程迥以其非《周易》之辭，即視爲二《易》以〈大有〉䷍六五爻變之占，猶如《連山》、《歸藏》亦占「九」、「六」之般，其說誠有強辭之嫌。

　　程迥爲否定「先儒」：「《周易》以變者爲占；《連山》、《歸藏》占不變者」之說法，而舉此同然《周易》筮法之二例，以申明二《易》亦占「九」、「六」變爻之說，愚以爲頗有「張冠李戴」之慨，甚爲失當。

　　然《連山》、《歸藏》占「七、八」爲動爻，《周易》占「九、六」以爲用之推測，〔清〕毛奇齡反曾輕描淡寫提出，惟又自行推翻該想法，其謂：

　　　　陰爻有九、六，又有七、八，舊亦未解。《春秋》穆姜將往東宮，筮
　　　　之得〈艮〉䷳之八，史曰：「是謂〈艮〉䷳之〈隨〉䷐」。杜預謂
　　　　〈艮〉䷳者，艮☶下艮☶上之卦也。《周禮》太卜掌三《易》，
　　　　雜用《連山》、《歸藏》、《周易》，謂之三《易》。《連山》、《歸藏》皆
　　　　以七、八爲占，而其說未解。如曰「七、八」即「九、六」，夏、商
　　　　以陽、陰爲七、八，猶周以陽、陰爲九、六，則其曰〈艮〉䷳之陰
　　　　〔註161〕不可解，豈〈艮〉䷳四陰爻皆占耶？〔註162〕

由於杜預未有解釋何以「《連山》、《歸藏》皆以七、八爲占」，因而毛奇齡產生如此想像之推測。

　　毛氏以爲杜氏所言之「七、八」倘眞爲夏、商之老陽、老陰，則其猶如《周易》之變爻「九、六」之般，若此所謂「〈艮〉䷳之八」將不可解，因〈艮〉卦䷳初六、六二、六四、六五四陰爻咸皆爲「八」，則豈非全然以占？若然何以可稱「〈艮〉䷳之〈隨〉䷐」爾？

　　惟杜氏因無明言，是以毛氏亦未能更進一步驗證，以致依然困惑不明。

〔註160〕參閱〔南宋〕趙汝楳著：〈先傳考第三〉，《筮宗》，收入嚴靈峯編輯：《無求備
　　　　齋易經集成》（臺北：成文出版社，1976 年），第 154 冊，頁 81。
〔註161〕按：原文「陰」字或係筆誤，應改爲「八」字較爲合理；惟保留「陰」字猶
　　　　不失毛氏欲表達〈艮〉䷳之八之涵意。
〔註162〕〔清〕毛奇齡撰：《易小帖》，收入景印《文淵閣四庫全書・經部35・易類》
　　　　（臺北：臺灣商務印書館，1983 年），第 41 冊，卷 4，頁 590。

故今爲求證得解「之八」、「皆八」之眞象，愚則以毛氏假設之說立基覈究，進行實際之驗證。

第三節　「八」者，乃動爻之假設

倘視「八」字猶如《周易》咸屬不動無爲之陰爻。亦觀筮史占之皆曰：「不吉」且謂：「閉而不通，爻無爲也。」然司空季子稱之「吉」，更且前、後咸以〈屯〉䷂、〈豫〉䷏卦辭及其小成坎☵、震☳、坤☷卦之卦象分析論占以爲設定之基礎；又同時參照「遇〈艮〉䷳之八，史曰：『是謂遇〈艮〉䷳之〈隨〉䷐』」，有其相對之變卦作比較而據此加以模擬揣測。

若此，筮史占得〈屯〉䷂貞卦六二、六三不動，策數爲八，惟初九、六四、九五、上六即爲動爻，其策數依序爲九、六、九、六；〈豫〉䷏悔卦六五、上六不動，策數爲八，初六、六二、六三、九四咸爲動爻，策數依序爲六、六、六、九。依司空季子所謂：「是在《周易》」視之，則〈屯〉卦䷂變爲〈晉〉卦䷢；〈豫〉卦䷏變成〈泰〉卦䷊。

〈晉〉䷢之《序卦》曰：「〈晉〉䷢者，進也。」〔註163〕卦辭：「康侯用錫馬蕃庶，晝日三接。」〔註164〕〈泰〉䷊之《序卦》曰：「〈履〉䷉而〈泰〉䷊，然後安，故受之以〈泰〉䷊。」〔註165〕卦辭：「小往大來，吉亨。」〔註166〕兩變卦咸皆爲吉，爲何司空季子不取以解，反以〈屯〉䷂、〈豫〉䷏二卦卦辭及卦體小成論占？

復另觀之，浸假〈屯〉䷂、〈豫〉䷏二卦，全卦咸皆不動，則〈屯〉䷂之貞卦何止皆「八」？其初九亦有「七」者，又如何解釋？〈豫〉䷏之悔卦且豈止皆「八」？其九四爲「七」猶令人無從想像？況其貞卦盡皆爲「八」，此復何解？是以顯而易見，策數「八」乃「不動無爲之陰爻」假設，於「貞

〔註163〕參閱十三經注疏本《周易正義》（北京：北京大學出版社，2000年），卷第9，頁397。

〔註164〕同上註，卷第4，頁177。

〔註165〕同上註，卷第9，頁395。

〔註166〕同上註，卷第2，頁78。

〈屯〉䷂悔〈豫〉䷏皆八」筮例對應《周易》筮法之推論，似已無能成立。

　　反之，若將「八」字視與《周易》筮法相反，乃爲「變動之陰爻」作推測，則由《左傳・襄公九年》穆姜筮「遇〈艮〉䷳之八」，然何以史反於後，改稱「是謂〈艮〉䷳之〈隨〉䷐」思之。

　　設〈艮〉卦䷳六二猶如毛奇齡所謂策數「八」且爲「動爻」，其餘初六策數爲「六」、九三策數爲「九」、六四策數爲「六」、六五策數爲「六」、上九策數爲「九」，於《連山》、《歸藏》筮法咸屬不變之爻。

　　則遇〈艮〉䷳之八，其本卦〈艮〉䷳因六二爻變，而變爲〈蠱〉卦䷑；〈蠱〉䷑之《序卦》曰：「以喜隨人者必有事，故受之以〈蠱〉䷑。」〔註167〕《左傳・昭公元年》：

> 趙孟曰：「何謂〈蠱〉䷑？」對曰：「淫溺惑亂之所生也。於文，皿蟲爲蠱，穀之飛亦爲蠱；在《周易》，女惑男，風落山，謂之〈蠱〉䷑。」〔註168〕

趙孟稱〈蠱〉卦䷑之意，乃「淫溺惑亂」所生之事，猶如《周易》「女惑男、風落山」之般。〔北宋〕程頤亦謂：

> 〈蠱〉䷑，事也，〈蠱〉䷑非訓事，〈蠱〉䷑乃有事也。爲卦山下有風，風在山下，遇山而回，則物亂是爲〈蠱〉䷑象，〈蠱〉䷑之義，壞亂也！在文爲蟲皿，皿之有蟲，蟲壞之義。《左氏傳》云：「風落山，女惑男」，以長女下於少男，亂其情也。〔註169〕

程頤亦訓〈蠱〉䷑乃物亂之象，壞亂之義。是以觀諸《傳》文疏解，全然指出〈蠱〉卦䷑卦義不利穆姜移居東宮之結果。故筮史反以《周易》筮法謂之「是謂〈艮〉䷳之〈隨〉䷐」而以〈隨〉卦䷐卦辭釋之，然猶遭穆姜立即反對。

〔註167〕參閱十三經注疏本《周易正義》（北京：北京大學出版社，2000年），卷第9，頁395。

〔註168〕參閱十三經注疏本《春秋左傳正義》（北京：北京大學出版社，2000年），卷第41，頁1343～1344。

〔註169〕參閱〔北宋〕程頤撰：《伊川易傳》，收入景印《文淵閣四庫全書・經部3・易類》（臺北：臺灣商務印書館，1983年），第9冊，卷2，頁225。

　　若此可以想見當時之情境，昉始即非以《周易》筮法占之，又豈能改以《周易》筮法論斷？此由穆姜文中之反駁可見一斑。〔註170〕因此，可以推測此「八」字，乃爲杜預所稱《連山》、《歸藏》之策數「八」，且爲「動爻」之意。

　　現以此假設置入貞〈屯〉䷂悔〈豫〉䷏皆八筮例，〈屯〉卦䷂六二、六三爲策數「八」、初九策數「九」、六四策數「六」、九五策數「九」、上六策數「六」；〈豫〉卦䷏六五、上六策數「八」、初六、六二、六三策數「六」、九四策數「九」，如此依上述推論，〈屯〉卦䷂應變爲〈需〉卦䷄；〈豫〉卦䷏應變爲〈否〉卦䷋。

　　程頤謂〈需〉卦䷄：「乾☰健之性，必進者也，乃處坎☵險之下，險爲之阻，故須待而後進也。」〔註171〕代表所問之事前有阻礙，須暫緩執行。〈否〉卦䷋卦辭：「否之匪人。不利君子貞，大往小來。」〔註172〕黃忠天先生釋〈否〉䷋卦義「爲閉塞不通」〔註173〕，程頤注解〈否〉卦䷋《大象》亦曰：

　　　天地不相交通，故爲〈否〉䷋。否塞之時，君子道消，當觀〈否〉

　　　䷋塞之象，而以儉損之德，避免禍難，不可榮居祿位也。〔註174〕

程頤亦稱〈否〉卦象徵否塞道消之際，尚須以儉損之德避之禍難，不可戀棧。故由諸解可知〈需〉䷄、〈否〉䷋二卦乃象徵不吉。

　　然二者之不吉，咸因〈屯〉卦䷂六二、六三，〈豫〉卦䷏六四、六五之

〔註170〕穆姜反駁筮史是謂〈艮〉䷳之〈隨〉䷐之說，姜曰：「是於《周易》曰：『〈隨〉，元、亨、利、貞，无咎。』……今我婦人，而與於亂，固在下位，而有不仁，不可謂元；不靖國家，不可謂亨；作而害身，不可謂利；弃位而姣，不可謂貞。有四德者，隨而無咎。我皆無之，豈隨也哉？我則取惡，能無咎乎？必死於此，弗得出矣！」（參閱十三經注疏本《春秋左傳正義》（北京：北京大學出版社，2000 年），卷第 30，頁 998～999。）按：愚一直以爲，古代婦女無才爲德，依穆姜之論，其對《周易》熟稔之程度，不在筮史之下，倘論古代婦女不讀書者，或僅限平民百姓，若宮廷內如穆姜之流者，或亦須熟讀經典史籍？此困惑，尚祈方家不吝賜教！

〔註171〕程頤撰：《伊川易傳》，收入景印《文淵閣四庫全書・經部 3・易類》（臺北：臺灣商務印書館，1983 年），第 9 冊，卷 1，頁 176～177。

〔註172〕十三經注疏本《周易正義》（北京：北京大學出版社，2000 年），卷第 2，頁 83。

〔註173〕黃忠天先生著：《周易程傳註評》（高雄：復文圖書出版社，2004 年），頁 114。

〔註174〕參閱〔北宋〕程頤撰：《伊川易傳》，收入景印《文淵閣四庫全書・經部 3・易類》，第 9 冊，卷 1，頁 203。

「八」變而來，是以筮史占之皆曰「不吉，閉而不通，爻無爲也。」意指：「爻變致使結果無所作爲，閉塞無以向前，因而不吉。」

　　若此司空季子改以《周易》筮法且謂〈屯〉䷂六二、六三；〈豫〉䷏六五、上六策數「八」，爲不動爻，而以二卦卦辭兼內、外小成卦象論之，更曰「吉，是在《周易》，皆利建侯。」

　　然此之所以不同於前述「〈艮〉䷳之八，是謂〈艮〉䷳之〈隨〉䷐」法，改稱貞〈屯〉䷂是爲〈晉〉卦䷢；悔〈豫〉䷏是爲〈泰〉卦䷊，〔註175〕恐因當時情勢，姬重耳尚處秦未回晉即位所占之筮，惟〈晉〉䷢、〈泰〉䷊二卦卦辭所顯，則爲已承大位，功成名就之義，若此或爲避重耳之不信，抑或〈屯〉䷂、〈豫〉䷏二卦辭中已有「利建侯」之文，故直取二卦以解，此推測，理或可通，且說不定。然依此論，再進而分析得〈泰〉䷊之八眞正筮義，卻發現上述設「八」爲「變爻」之說，尚存有無可解釋之矛盾。

　　〈泰〉卦䷊可稱「八」者，止於六四、六五、上六三爻而已。今參照上述「遇〈艮〉䷳之八，是謂遇〈艮〉䷳之〈隨〉䷐」，「八」乃變爻之法推論，得〈泰〉䷊之八，可能之「變卦」則有：〈大壯〉䷡、〈需〉䷄、〈大畜〉䷙；倘非一爻之「八」，爲二爻之「八」者，且有〈夬〉䷪、〈大有〉䷍、〈小畜〉䷈；縱爲三爻之「八」者，猶將成〈乾〉卦䷀。

　　今將以上七卦卦辭逐一臚列，〈大壯〉䷡：「利貞」〔註176〕、〈需〉䷄：「有孚，光亨，貞吉，利涉大川」〔註177〕、〈大畜〉䷙：「利貞，不家食吉，利涉大川」〔註178〕、〈夬〉䷪：「揚于王庭，孚號有厲。告自邑，不利即戎，利有攸往」〔註179〕、〈大有〉䷍：「元亨」〔註180〕、〈小畜〉䷈：「亨，密雲

〔註175〕按：〈艮〉䷳之八是謂〈艮〉䷳之〈隨〉䷐，因〈艮〉䷳六二爻不變，餘爻皆變，是以成變卦〈隨〉䷐，而云：「是謂〈艮〉䷳之〈隨〉䷐」。倘循此，則〈屯〉卦䷂六二、六三爻不變，餘變者，即成〈晉〉䷢；〈豫〉䷏六五、上六不變，餘爻皆變，則爲〈泰〉卦䷊。

〔註176〕十三經注疏本《周易正義》（北京：北京大學出版社，2000年），卷第4，頁174。

〔註177〕同上註，卷第2，頁50。

〔註178〕同上註，卷第3，頁139。

〔註179〕同上註，卷第5，頁211。

〔註180〕同上註，卷第2，頁90。

不雨，自我西郊」〔註181〕、〈乾〉☰☰：「元、亨、利、貞」〔註182〕，綜觀所得各卦卦辭之義，咸能對應姬重耳當時之局勢，且由各卦辭之意，亦能符合姬重耳所需之結果，然何以筮史不采上述任一卦意以占？惟稱：「是謂天地配亨，小往大來，今及之矣，何不濟之有，且以辰出而以參入，皆晉祥也。」

　　豈因既變爲吉（或凶），且原卦亦吉或更佳，故仍維原卦之占，而不取「是謂《周易》」？倘變爲吉，何不直取變者爲占？若變不佳，又何不依「是謂《周易》」以易之？抑筮史猶如司空季子受限於情勢而不得不之選擇？

　　「得〈泰〉☷☰之八」雖與上述「得貞〈屯〉☵☳悔〈豫〉☳☷皆八」、「遇〈艮〉☶☶之八」之假設不殊，然諸般種種，全然無可理解，故由此得知，若依毛奇齡「八者，乃動爻」之假設，不可成立！是以仍循「大衍之數」七、八爲不變策數之說，而另謀其解！

第四節　「八」者，乃不變爻之推定

　　貞〈屯〉☵☳悔〈豫〉☳☷皆八筮例依前述：「筮史占得〈屯〉☵☳貞卦六二、六三不動，策數爲八，惟初九、六四、九五、上六即爲動爻，其策數依序爲九、六、九、六；〈豫〉☳☷悔卦六五、上六不動，策數爲八，初六、六二、六三、九四咸爲動爻，策數依序爲六、六、六、九。依司空季子所謂：『是在《周易》』視之，則〈屯〉卦☵☳變爲〈晉〉卦☲☷；〈豫〉卦☳☷變成〈泰〉卦☷☰。」

　　倘依杜預之言，《連山》、《歸藏》以七、八不變爲占者，則〈屯〉卦☵☳占六二、六三；〈豫〉卦☳☷占六五、上六。今觀〈屯〉卦☵☳六二：「屯如邅如，乘馬班如，匪寇婚媾。女子貞不字，十年乃字。」〔註183〕程《傳》則謂：

> 二以陰柔居〈屯〉☵☳之世，雖正應在上，而逼於初剛，故〈屯〉☵☳
> 難邅迴如辭也。乘馬欲行也，欲從正應而復班如，不能進也。班，

〔註181〕十三經注疏本《周易正義》（北京：北京大學出版社，2000年），卷第2，頁68
　　　　～69。
〔註182〕同上註，卷第1，頁1。
〔註183〕同上註，卷第1，頁41。

分布之義，下馬爲班，與馬異處也。二當〈屯〉䷂世，雖不能自濟而居中得正，有應在上，不失義者也。然逼近於初，陰乃陽所求，柔者，剛所陵，柔當〈屯〉䷂時，固難自濟，又爲剛陽所逼，故爲難也。〔註184〕

程頤以京房《易》喻〈屯〉䷂乃〈坎〉宮䷜二世卦，〔註185〕二爻居世應九五，下比初九爲剛所陵，是以班如迂迴、進退兩難。〈屯〉卦䷂六三：「即鹿无虞，惟入于林中。君子幾，不如舍，往吝。」〔註186〕孔穎達謂：

> 即，就也。虞謂虞官，如人之田獵，欲從就於鹿，當有虞官助己，商度形勢可否，乃始得鹿。若无虞官，即虛入于林木之中，必不得虞，故云「唯入于林中」。此是假物爲喻。今六三欲往從五，如就鹿也。五自應二，今乃不自揆度彼五之情納己以否，是「無虞」也……。
>
> 〔註187〕

孔穎達稱〈屯〉卦䷂六三爻辭章顯處境上、下無應，尙無貴人相援。〈豫〉卦䷏六五：「貞疾，恒不死。」〔註188〕〔魏〕王弼（226～249）猶曰：

> 四以剛動爲〈豫〉䷏之主，專權執制，非己所乘，故不敢與四爭權，而又居中處尊，未可得亡，是以必常至于「貞疾，恒不死」而已。
>
> 〔註189〕

王弼謂〈豫〉卦䷏六五雖居中處尊，惟九四陽剛專權，無以相乘，故不敢與之爭權，是以無能展現抱負，且須常懷戒愼恐懼之心，方不致滅亡。〈豫〉卦䷏上六：「冥豫成，有渝无咎。」孔穎達言：

〔註184〕參閱〔北宋〕程頤撰：《伊川易傳》，收入景印《文淵閣四庫全書・經部 3・易類》（臺北：臺灣商務印書館，1983 年），第 9 冊，卷 1，頁 171。

〔註185〕參閱〔西漢〕京房撰，〔三國・吳〕陸績注：《京氏易傳》，收入景印《文淵閣四庫全書・子部 114・術數類》（臺北：臺灣商務印書館，1985 年），第 808 冊，卷上，頁 447。

〔註186〕十三經注疏本《周易正義》（北京：北京大學出版社，2000 年），卷第 1，頁 42。

〔註187〕同上註，頁 43。

〔註188〕同上註，卷第 2，頁 102。

〔註189〕同上註。

「處動豫之極，極豫盡樂」，乃至於冥昧之豫而成就也。如俾晝作夜，

不能休己，滅亡在近。「有渝无咎」者，渝，變也，若能自思改變，

不爲「冥豫」乃得「无咎」也。〔註190〕

孔穎達言〈豫〉卦䷏上六位高無權，倘沉迷逸樂，不知節制，則滅亡在即，
若能自思反省且加改變，尚可平安无咎。

　　衡諸〈屯〉䷂、〈豫〉䷏四爻，其義全然陰晦無明，盡皆不利姬重耳，
是以「筮史占之皆曰：『不吉！閉而不通，爻無爲也』。」若此，司空季子則
以《周易》筮法，反視〈屯〉䷂六二、六三；〈豫〉䷏六五、上六乃不變爻
策數「八」，且如上節所述限於現實局勢，反不取二者變卦〈晉〉䷢、〈泰〉
䷊卦辭以占，仍取〈屯〉䷂、〈豫〉䷏不變卦辭而論，以得姬重耳之採納。
此推理，愚以爲甚得其所！於此，全祖望亦持相比之看法，其謂：

　　〈屯〉䷂之八爲〈晉〉䷢；〈豫〉䷏之八爲〈泰〉䷊，皆爲吉

　　兆，要之，二《象》已足，不必更求之卦而了然者，寧待司空季子

　　始知之，而當時筮史以爲不吉，眞妄人耳。〔註191〕

全氏言下之意，即指〈晉〉䷢、〈泰〉䷊二卦咸皆吉兆，雖無云「受制當時
局勢」之類語辭，乃直稱〈屯〉䷂、〈豫〉䷏二《象》已足能昭然以筮所得
之情勢，故而不必以〈晉〉䷢、〈泰〉䷊二卦論之。

　　惟全氏稱「筮史以爲不吉，眞妄人耳」之語，愚卻不以爲然。筮史其時
非以《周易》筮法論占，然司空季子易以爲之，豈能以彼《周易》之觀，而
否筮史非屬《周易》之論，全氏此言頗失公允。

　　倘采不變爻且依「本卦、之卦」法以解此例，則本卦（貞）〈屯〉䷂其
內卦震☳，初九策數爲「九」，六二、六三，策數爲「八」，變成之卦（悔）
〈豫〉䷏，其內卦坤☷之初六、六二、六三，策數咸皆爲「八」，若此謂之
「皆八」尚勉稱合理，然本卦（貞）〈屯〉䷂外卦坎☵，六四策數爲「六」、

<hr/>

〔註190〕十三經注疏本《周易正義》（北京：北京大學出版社，2000年），卷第2，頁
　　　　103。

〔註191〕〔清〕全祖望撰：〈易問目答董秉純〉，《經史問答》，收入《續修四庫全書・
　　　　子部・雜家類》（上海：上海古籍出版社，1995年據清乾隆三十年刻本影印），
　　　　第1147冊，卷1，頁582。

九五策數爲「九」、上六策數爲「八」，變之卦（悔）〈豫〉䷏其外卦震☳，九四策數則爲「七」，六五、上六猶爲「八」，如此之卦（悔）出現策數「七」，則悔〈豫〉䷏又如何稱之「皆八」？

因此，歷代諸家以「本卦」、「之卦」解釋貞〈屯〉䷂悔〈豫〉䷏皆八者，雖以「不占變」置入其說，仍顯其不合、矛盾之處，故而貞「本」、悔「之」之論於此亦已得證无能成立！

再觀《左傳・襄公九年》穆姜筮「遇〈艮〉䷳之八，史曰是謂〈艮〉䷳之〈隨〉䷐」，依《周易》言「變」者，則本卦〈艮〉䷳初六策數「六」、九三策數「九」、六四、六五策數「六」、上九策數爲「九」，計五爻變，不變者「六二」陰爻，策數爲「八」，若然，始成變卦爲〈隨〉䷐。

依不占變說，〈艮〉卦䷳六二：「艮其腓，不拯其隨，其心不快。」〔註192〕王弼曾言：

> 隨謂趾也。止其腓，故其趾不拯也。腓體躁而處止，而不得拯其隨，
> 又不能退聽安靜，故「其心不快」也。〔註193〕

王弼謂隨如人趾，無力止腓於行，又不得任意安靜，是以內心極感不快。程頤亦稱：

> 六二居中得正，得止之道者也。上无應援不獲其君矣。三居下之上，
> 成止之主，主乎止者也，乃剛而失中，不得止之宜。剛止於上，非
> 能降而下求，三雖有中正之德，不能從也。二之行止，繫乎所主，
> 非得自由，故爲腓之象。股動則腓隨，動止在股而不在腓也。二旣
> 不得以中正之道拯救三之不中，則必勉而隨之，不能拯而唯隨也。
> 雖咎不在己，然豈其所欲哉？〔註194〕

程頤謂六二雖居中得正，然位處於下無力自主，僅能隨上而行，聽任擺佈。綜二者所言，乃知「六二」非吉占之筮，故而筮史改以《周易》筮法變占之

〔註192〕十三經注疏本《周易正義》（北京：北京大學出版社，2000年），卷第5，頁251。

〔註193〕同上註，頁251～252。

〔註194〕參閱〔北宋〕程頤撰：《伊川易傳》，收入景印《文淵閣四庫全書・經部 3・易類》（臺北：臺灣商務印書館，1983年），第 9 冊，卷第 4，頁 359。

說，而「是謂〈艮〉☶之〈隨〉☳」，欲易〈隨〉卦☳：「元亨，利貞，無咎」〔註195〕之卦意以占。然鄭玄曾解〈隨〉卦☳卦辭：

> 震☳，動也；兌☱，說也。內動之以德，外說之以言，則天下之人咸慕其行而隨從之，故謂之〈隨〉☳也。既見隨從，能長之以善，通其嘉禮，和之以義、幹之以正，則功成而有福，若无此四德，則有凶咎焉。〔註196〕

鄭玄言〈隨〉卦☳卦體內震☳爲動，動以修己之德，外兌☱於悅，悅外謙恭以言，若此，則天下咸能尊慕其德行而跟從追隨，此乃方稱〈隨〉卦☳卦旨；若然，既見眾人隨從，亦能長之於善，通之嘉禮，和眾以義，行止動靜咸皆爲正者，即此四德咸俱，則乃功成得福，倘无此四德，猶有凶險禍咎之兆。

鄭玄之意，乃指若欲得〈隨〉卦☳之「无Ａ先從內修身，於外謙恭，同時具有「元、亨、利、貞」四德之功，方始能之。

鄭玄雖無指穆姜之事，然其之訓誠然咸皆道出，縱使穆姜依循筮史之占，尚須先備四德條件方始无咎。於此可見，筮史雖改以〈隨〉卦☳卦意以占，或實乃隱含反諫「穆姜與叔孫僑如私通且欲廢成公事敗，以致徙居東宮」乙事，而具有暗喻穆氏須反躬自省之眞正用意。

於此，劉禹錫且提出，其個人以爲筮史何以改稱「〈艮〉☶之〈隨〉☳」論占之不同看法，其曰：

> 史以爲東宮實幽也。遇此爲不利，故從變爻而占，茍以說于姜也。……今變者五，定者一，宜從少占，懼不吉而更之，故曰：「是謂〈艮〉☶之〈隨〉☳」，是謂之云者，茍以說也。故穆姜終死于東宮，與〈艮〉☶會耳。〔註197〕

〔註195〕參閱〔北宋〕程頤撰：《伊川易傳》，收入景印《文淵閣四庫全書·經部 3·易類》（臺北：臺灣商務印書館，1983 年），第 9 冊，卷第 3，頁 104。

〔註196〕參閱〔唐〕李鼎祚輯：《周易集解》，見王雲五主篇《國學基本叢書》（臺北：臺灣商務印書館，1968 年），卷第 5，頁 213。

〔註197〕參閱〔唐〕劉禹錫撰：〈論下·辯《易》九、六論〉，《劉賓客文集》，收入景印《文淵閣四庫全書·集部 16·別集類》（臺北：臺灣商務印書館，1985 年），

劉禹錫認爲筮史之所以，不以〈艮〉卦䷳六二爻占，而從變爻後之〈隨〉卦䷐占之，其目的乃爲取悅穆姜，是以最後，穆姜終仍如〈艮〉卦䷳卦旨——「止也，物不可以終動而止之也」〔註198〕，致薨於東宮。

劉氏此例筮法雖云：「以少爲卦主，變者五而定者一，故以『八』爲占。」且不循杜預《連山》、《歸藏》「不占變」說以解，雖已遭否定，〔註199〕惟其說明〈艮〉䷳之八之所以「是謂〈艮〉䷳之〈隨〉䷐」，其時筮史之心情，又可謂言簡意賅，入木三分，唯妙唯肖。

〔清〕江永（1681～1762）於此所見亦頗與劉氏相契，惟論占何爻卻有出入，其言：

> 若四爻、五爻變，則當占變卦不動之爻。〈艮〉䷳之〈隨〉䷐宜占〈隨〉䷐六二，其繇曰：「係小子失丈夫」，正與穆姜通僑如廢東宮事相合。史不敢以此占，但依違其說曰：「〈隨〉䷐，其出也」。姜亦自知「係小子」之云爲巳占也；自慙惡若有難言者，姑就史之説以〈隨〉䷐《象》占之，其實正法當占〈隨〉䷐六二。〔註200〕

江永論占〈艮〉䷳之〈隨〉䷐一筮，仍采朱熹〈考變占〉：「五爻變，則以之卦不變爻占」之說，且云〈隨〉卦䷐六二爻辭：「係小子失丈夫」之意與穆姜私通叔孫僑如情事相吻。然史不敢以之爲占，故違此而言：「〈隨〉䷐，其出也」之語，惟江永以爲穆姜自知此占，則應以〈隨〉卦六二爻辭之說方是，然因自感慚愧，且有難言之隱，故姑且依史之說以〈隨〉䷐《象》辭占之，實則非己所願。

江氏論占用爻雖與劉氏相違，然言史、穆姜彼此之情境，全然相類。是以，相對杜預注「《歸藏》、《連山》七、八爲占」以解本例而言，亦如劉氏、

第 1077 冊，卷 7，頁 369～370。

〔註198〕《周易序卦》：「物不可以終動，止之，故受之以〈艮〉䷳。〈艮〉䷳者，止也。」（參閱十三經注疏本《周易正義》（北京：北京大學出版社，2000 年），卷第 9，頁 398。）

〔註199〕請參閱本文第三章第二節「劉禹錫之說」內容。

〔註200〕參閱〔清〕江永撰：〈春秋補義〉，《羣經補義》，收入景印《文淵閣四庫全書・經部 188・五經總義類》（臺北：臺灣商務印書館，1983 年），第 194 冊，卷 2，頁 32。

江永評論之般至爲合理，極其恰當。

〔清〕惠棟（1697～1758）亦有〈艮〉☶之八乃占不變爻之說法，其言：

> 案《易林補遺》：「論京房變法，弟六爻爲宗廟，縱動不變，其餘一爻動則變，亂動則不變也。」此言甚有理，穆姜筮往東宮，遇〈艮〉☶之〈隨〉☱，則云〈艮〉☶之八，是亂動不變。〔註201〕

惠棟引《易林補遺》論及京房變法所謂：「上爻屬宗廟，縱然變動，其卦猶仍不變，餘一爻動者則乃變之，惟亂動依然不變。」

惠棟所釋之意，乃指京房占法中凡八純卦之上爻爲動爻時，其卦不變，惟餘各爻動時則視何爻變，仍依一爻變之法而變之，然逢二爻以上爲動爻者稱之「亂動」，全卦則占不變之爻，且舉〈艮〉☶之〈隨〉☱五爻變乃亂動者，故仍稱〈艮〉☶之八，是「亂動占不變」之例。惠棟且言：

> 《易林補遺》京房占法，一爻動則變，亂動則不變，若然一爻變爲九、六，二爻以上變爲七、八也。愚謂《左傳》所占卦如云：「其卦遇〈蠱〉☶、其卦遇〈復〉☷」；《穆天子傳》其卦遇〈訟〉☰，皆六爻不動也。其云：「遇〈艮〉☶之八」及〈晉語〉遇〈泰〉☷之八皆二爻以上變，仍爲七、八而不變也。〔註202〕

惠棟謂京房占法，凡一爻動者則變，二爻以上動者稱之「亂動」則占不變，如此逢一爻變者則占該爻爲「九」、「六」者，二爻以上變者則占不變爻「七」、「八」。且舉《左傳》：「其卦遇〈蠱〉☶、其卦遇〈復〉☷」；《穆天子傳》其卦遇〈訟〉☰，咸爲六爻不動之例。然《左傳》遇〈艮〉☶之八及《國語・晉語》遇〈泰〉☷之八筮例咸皆二爻以上變之例，故占不變爻七、八。

惠棟爲解〈艮〉☶之八、〈泰〉☷之八爲多爻變筮例，乃援引《易林補

〔註201〕參閱〔清〕惠棟撰：〈左氏所占皆一爻動者居多〉，《易例》上，收入嚴靈峯編輯：《無求備齋易經集成》（臺北：成文出版社，1976年據〔清〕乾隆四十年張錦芳校刊本影印），第150冊，頁23。

〔註202〕同上註，〈佔卦〉，《易例》上，頁22。

遺》所言「京房占法」其中云及「亂動不變」之語意以證其說，此乃其個人引申「語意」之解釋，與《易林補遺》作者〔明〕張世寶（？）所述則有出入，張氏原文言之：

> 「卦卦有動有靜，動無不之。」……又論「京房變法弟六爻爲宗廟縱動不變，其餘一爻動則變，亂動則不變也。」此法甚有差訛，後學切莫依此！《易》經內，凡見「交」、「重」則變，並無亂動不變之理。宗廟爻旣不變化，焉能純〈乾〉 ䷀ 變爲純〈坤〉 ䷁，經中自有「用九：見群龍無首，吉。」爻辭可證，故此爻爻皆變也。〔註 203〕

張世寶於「京房變法」云云，強調「此法甚有差訛，後學切莫依此。」且謂《周易》筮法凡見「交」、「重」即爲「老陰」、「老陽」則變，並無亂動不變之理。復稱京房八純卦之「宗廟爻」倘不變化，則純〈乾〉卦 ䷀ 如何變爲純〈坤〉卦 ䷁ ？且以〈乾〉卦 ䷀ 用九：「見群龍無首，吉」以證其說法，故言：「此爻爻皆變也。」愚以爲張氏說法似待商榷。

　　今考〔吳〕陸績（189～220）於注《京氏易傳》曾言：「凡八卦分爲八宮，每宮八卦，八、八六十四卦定吉凶，配人事、天地、山澤、草木、日月、昆蟲，包含氣候足矣。」〔註 204〕已明示八卦分爲八宮，計六十四卦以定吉凶悔吝、地理氣候、萬事萬物諸般之情。

　　以現存《京氏易傳》〈乾〉 ䷀ 宮卦爲例，其各爻變化之順序乃自純〈乾〉卦 ䷀ 起，依序初爻變──〈姤〉 ䷫（一世卦）、二爻變──〈遯〉 ䷠（二世卦）、三爻變──〈否〉 ䷋（三世卦）、四爻變──〈觀〉 ䷓（四世卦）、五爻變──〈剝〉 ䷖（五世卦）、反回四爻再變──〈晉〉 ䷢（游魂卦）、自游魂下卦回歸本宮──〈大有〉 ䷍（歸魂卦）。〔註 205〕〔西漢〕京房（77

〔註203〕參閱〔明〕張世寶撰：〈易林總斷章〉，《易林補遺》（上海：上海圖書館藏乾隆壬辰（37）年（1772 年）鐫刻，金閶書業堂藏版），卷之 1，葉 2。

〔註204〕參閱〔西漢〕京房撰，〔三國‧吳〕陸績注：《京氏易傳》，收入景印《文淵閣四庫全書‧子部 114‧術數類》（臺北：臺灣商務印書館，1985 年），第 808 冊，卷上，頁 443。

〔註205〕同上註，卷上，頁 441～443。

～37B.C.）謂：「〈晉〉䷢陰陽返復進退不居，精粹氣純是爲游魂。」〔註206〕陸績且釋何以自五爻變後反回復四爻再變而成遊魂卦之理，其云：「爲陰極剝盡，陽道不可盡滅，故返陽道，道不復本位爲歸魂例入卦。」〔註207〕意即陰剝至五爻，不可再上至宗廟爻變致陽爻之道盡滅，是以須復反四爻爲陽而成遊魂卦，此時下卦尚未回復本位，倘回本位即成歸魂卦例，故此陸績又云：「八卦本從〈乾〉䷀宮起至〈大有〉䷍爲歸魂。」〔註208〕〈大有〉卦䷍即自游魂〈晉〉卦䷢回復下卦爲本宮乾☰而成歸魂。

　　各宮洎純卦迄歸魂計有八卦，各卦變化咸皆若此無一例外，絕無單一上爻或變至上爻之宮卦例存在。故觀此則知，倘至五爻變不還復四爻再變，且仍往上變者，即成六爻皆動始變爲另一八純卦，故以八純〈乾〉卦☰爲例，須六爻咸變方能變爲八純〈坤〉卦☷，若僅宗廟爻一爻變者，於所有八宮卦中，乃祇變成另一非屬本宮之卦云爾，如〈坤〉卦䷁僅上六宗廟爻動，則變爲〈剝〉卦䷖，其已非〈坤〉䷁宮之卦，而成〈乾〉☰宮五世卦，惟仍無法自〈坤〉卦䷁變爲〈乾〉卦☰。是以此處所謂：「京房變法弟六爻爲宗廟縱動不變」其意或指同一宮中各世爻變至歸魂之過程，各卦之宗廟爻咸皆不動之意，故言之：「縱動不變」因其本即不變之爻故，此於對應下一句「其餘一爻動則變」抑可得其端倪且說不定。

　　若此，〈乾〉卦☰祇上九宗廟爻變者，猶然不會變成〈坤〉卦䷁，僅乃成爲〈夬〉卦䷪屬〈坤〉䷁宮五世卦，〔註209〕至於「亂動則不變」，愚以爲依然循上規律，同一宮中各爻職司咸皆一定，且無二爻以上同時變動之情勢，故稱之，絕非爻變而不動者之意。此乃愚見，或有未妥，尚祈方家賜教。

　　是以，比較惠棟上述所言或較具體於張世寶，其以「亂動則不變」申釋

〔註206〕參閱〔西漢〕京房撰，〔三國·吳〕陸績注：《京氏易傳》，收入景印《文淵閣四庫全書·子部 114·術數類》（臺北：臺灣商務印書館，1985 年），第 808 冊，卷上，頁 443。

〔註207〕同上註。

〔註208〕同上註。

〔註209〕同上註，卷中，頁 455。

〈艮〉䷳之八、〈泰〉䷊之八爲二變爻以上之筮例，故占「七」、「八」之說，或非全然正確，惟畢竟已章顯其視〈泰〉䷊之八非如韋昭、李光地所言般爲不動無爲之筮，而乃猶如〈艮〉䷳之八般咸爲二變爻以上之例，故依此，續解得〈泰〉䷊之八。

尚秉和本不同意程迥〈泰〉䷊之八，初、二、三爻動之說，〔註210〕其亦反對韋昭「〈泰〉䷊無動爻」之論，尚氏曰：

> 韋注於〈泰〉䷊之八云：「〈泰〉䷊無動爻，筮爲侯，〈泰〉䷊三
> 至五震☳爲侯，陰爻不動，其數皆八。」夫〈泰〉䷊既不動，則
> 内卦三陽爻皆七也。數爻當自初起，史何不曰：「〈泰〉䷊之七」？
> 而必曰：「〈泰〉䷊之八」乎？是亦不協也。〔註211〕

愚與尚秉和之於韋昭注此之疑惑，不謀而合。既無動爻，又何祇震☳之陰爻不動，其陽爻亦當不動，亦即〈泰〉䷊之初至九三必皆不動，方始合理。

依杜預「不占變」說，既可言「八」者，又何以不曰「七」者乎？倘如韋注：「無動爻」之論成立，則本筮例必可稱「得〈泰〉䷊之七」，復何則僅謂「得〈泰〉䷊之八」？抑史省略不語？

豈其異於「〈艮〉䷳之八，是謂〈艮〉䷳之〈隨〉䷐」有相對之（變）卦出現？或恰如〈屯〉䷂、〈豫〉䷏有互卦震☳之存在，故韋氏祇能以震卦☳陰爻注之？種種諸般之疑惑，致尚氏亦覺韋昭之論與杜預「不占變」說不相一致且「截然不同」〔註212〕。

然尚秉和於否定韋昭「無動爻」之說時，是否可思及曾如何信誓旦旦言此筮例「未變可知也」〔註213〕而大力抨擊程迥之「三陽爻變」說？

愚總以爲〈泰〉䷊之八，當與〈艮〉䷳之八、貞〈屯〉䷂悔〈豫〉

〔註210〕參閱尚秉和輯：〈靜爻〉，《周易古筮考》（北京：中國書店，1995 年），卷 2，葉 1～2。

〔註211〕同上註，〈論八〉，《周易古筮考》，卷 9，葉 13～14。

〔註212〕尚氏曰：「又韋必以震☳之二陰爻不動爲八，其他陰爻雖不動，不謂八也。與杜注截然不同。」（參閱尚秉和輯：〈論八〉，《周易古筮考》（北京：中國書店，1995 年 3 月），卷 9，葉 14。）

〔註213〕同註210，〈靜爻〉，《周易古筮考》，卷 2，葉 2。

䷲皆八，其「八」之字義相同且〈泰〉䷊之八筮例，必有動爻。

是以先觀〈泰〉䷊之八筮例，倘與〈艮〉䷳之八模式比較，尚不若「遇〈艮〉䷳之八，史曰：是謂〈艮〉䷳之〈隨〉䷐」般，有如《周易》變卦可資參考。浸假「得〈泰〉䷊之八」猶如《左傳‧僖公十五年》「其卦遇〈蠱〉䷑」咸無動爻，亦勢將無可解釋，何以不曰「〈泰〉䷊之七」之矛盾。

考諸「八」字之義，意指之卦必有一～三爻之陰爻不變，然三陽爻必動，方始符合「八」字前述之義。〔註214〕若此，則有：〈豫〉䷏、〈萃〉䷬、〈觀〉䷓、〈剝〉䷖、〈晉〉䷢、〈比〉䷇、〈坤〉䷁七種可能。對照此七卦卦辭——〈豫〉䷏：「利建侯行師。」〔註215〕〈萃〉䷬：「亨。王假有廟。利現大人，亨，利貞。用大牲吉，利有攸往。」〔註216〕〈觀〉䷓：「盥而不薦，有孚顒若。」〔註217〕〈剝〉䷖：「不利有攸往。」〔註218〕〈晉〉䷢：「康侯用錫馬蕃庶，晝日三接。」〔註219〕〈比〉䷇：「吉，原筮元永貞，无咎。不寧方來，後夫凶。」〔註220〕〈坤〉䷁：「元、亨、利牝馬之貞。君子有攸往，先迷後得主利。西南得朋。東北喪朋，安貞吉。」〔註221〕

再考「得〈泰〉䷊之八」原文：「瞽史記曰：『嗣續其祖，如穀之滋，必有晉國。』臣筮之得〈泰〉䷊之八。曰：『是謂天地配，亨，小往大來。

〔註214〕按：假設〈泰〉卦䷊三陽爻有任一陽爻不變，則之卦必也不變，此將出現策數「七」之情形，不符「得〈泰〉䷊之八」原文旨意；得〈泰〉䷊之八，意指變卦存有與本卦相同之不變陰爻，或爲一爻或爲三爻，因爲〈泰〉卦䷊陰爻有三，不變陰爻最少一爻，至多三爻。

〔註215〕十三經注疏本《周易正義》（北京：北京大學出版社，2000年），卷第2，頁99。

〔註216〕同上註，卷第5，頁220。

〔註217〕同上註，卷第3，頁114。

〔註218〕同上註，卷第3，頁127。

〔註219〕同上註，卷第4，頁177。

〔註220〕同上註，卷第2，頁64。

〔註221〕同上註，卷第1，頁28～29。

今及之矣，何不濟之有，且以辰出而以參入，皆晉祥也。』」〔註222〕比較〈剝〉卦䷖卦辭，則〈剝〉卦䷖可能性完全去除；再觀各卦之內卦咸皆小成坤卦☷，且參考黃忠天先生於〈豫〉卦䷏所作之評析：「坤☷有眾聚之象，如〈師〉䷆、〈比〉䷇、〈豫〉卦䷏等等」〔註223〕之說法，因而推斷，上述所餘各卦卦辭之義咸能與「得〈泰〉䷊之八」筮例之歷史背景相互吻合。

然詳觀筮辭「今及之矣，何不濟之有，且以辰出而以參入，皆晉祥也。」「出」者，外也，「辰」依《爾雅》曰：「大辰，房心尾也。大火謂之大辰。」〔註224〕〔東晉〕郭璞（276～324）注云：「大火，心也，在中最明」〔註225〕，且《淮南子》謂：「星部地名，角、亢——鄭；氐、房、心——宋」〔註226〕，《左傳‧昭公元年》：「遷閼伯于商丘，主辰。」〔註227〕〔東漢〕服虔（？）曰：「辰，大火，主『主祀』也。」〔註228〕杜預注曰：「商丘，宋地。主祀辰星。辰，大火也。」〔註229〕孔穎達亦言：「辰即大火星也，故商人祀辰星。商，謂宋也。宋，商後，故稱商人也。」〔註230〕又云：「東南隅有辰也，大火謂之辰也。」〔註231〕

〔註222〕〔周〕左丘明撰，〔三國‧吳〕韋昭注：〈晉語四〉，《國語》（臺北：臺灣中華書局，1966年據士禮居黃氏重雕本校刊），卷第10，葉11～12。

〔註223〕黃忠天先生著：《周易程傳註評》（高雄：高雄復文圖書出版社，2004年9月），頁146。

〔註224〕參閱〔東晉〕郭璞注，〔明〕葉自本糾謬，〔清〕陳趙鶴重校：〈釋天第八‧星名〉，《爾雅》（北京：中華書局，1985年），卷下，頁74。

〔註225〕同上註。

〔註226〕參閱〔西漢〕劉安撰，〔東漢〕許慎注：〈天文訓〉，《淮南子》，收入王雲五主編：《四部叢刊初編子部》（臺北：臺灣商務印書館，1967年據上海商務印書館縮印影鈔北宋本影印），第24冊，卷3，頁23。

〔註227〕十三經注疏本《春秋左傳正義》（北京：北京大學出版社，2000年），卷第41，頁1332。

〔註228〕參閱〔清〕李貽德撰：《春秋左氏傳賈服注輯述》，收入《續修四庫全書‧經部‧春秋類》（上海：上海古籍出版社，1995年據浙江圖書館藏清同治五年朱蘭刻本影印），第125冊，卷14，頁546。

〔註229〕同註227。

〔註230〕同上註。

〔註231〕同上註，卷第44，頁1444。

是以由上可知，「辰」居「十二次」大火之處，依名取象，辰出即表外卦火象為小成離卦☲；「入」者，內也。據《左傳‧昭公元年》所述：「遷實沈于大夏，主參。」〔註232〕且依二十八星宿圖觀之，〔註233〕故知參星處十二次實沈之次，位居西南，即後天八卦坤卦☷處，有小成坤卦☷之象，因此形成外卦為離☲、內卦為坤☷之〈晉〉卦䷢。

《序卦》曰：「物不可以終〈壯〉䷡，故受之以〈晉〉䷢。〈晉〉䷢者，進也。」〔註234〕孔穎達言：「〈晉〉䷢之為義，進長之名。此卦明臣之昇進，故謂之〈晉〉䷢。」〔註235〕原筮文「『皆』晉祥也」之語，此「皆」字當指〈泰〉䷊、〈晉〉䷢二卦咸皆祥瑞之兆。故此筮例如同「遇〈艮〉䷳之八，是謂〈艮〉䷳之〈隨〉䷐」般，而稱「得〈泰〉䷊之八，是謂〈泰〉䷊之〈晉〉䷢」，猶然五爻變，惟六五陰爻不變，其策數為「八」。

若此「得〈泰〉䷊之八」即同然「遇〈艮〉䷳之八」、「得貞〈屯〉䷂悔〈豫〉䷏皆八」，均以「七、八」不變者為占，此說法當能理直氣壯成立，且「得貞〈屯〉䷂悔〈豫〉䷏皆八」之筮，乃兩次占筮所得之結果，更且三筮例之「八」咸為「不變陰爻」之答案，至此亦全然迎刃而解。

考古今諸家，〔南宋〕趙汝楳〈泰〉䷊之八持論雖同愚說，然其論「皆八」之言，卻无能使人信服，其云：

> 蓋凡稱「八」者，皆主不變爻為言。此有兩說，其一、則「七」、「八」皆不變。今有「八」无「七」，謂不變者皆「八」而非「七」也；其二、則〈艮〉䷳之八一爻不變在下卦之二，〈泰〉䷊之八一爻不變在上卦之五故，但稱之「八」；此占二、三、上不變，涉上、下卦，

〔註232〕參閱〔清〕李貽德撰：《春秋左氏傳賈服注輯述》，收入《續修四庫全書‧經部‧春秋類》（上海：上海古籍出版社，1995 年據浙江圖書館藏清同治五年朱蘭刻本影印），第 125 冊，卷第 41，頁 1332。

〔註233〕參閱高振鐸主編：〈天文曆法〉，《古籍知識手冊》（臺北：萬卷樓圖書股份有限公司，2004 年），第 3 冊，頁 7。按：依二十八星宿圖，參星位居十二次實沈處，亦可為證。

〔註234〕十三經注疏本《周易正義》（北京：北京大學出版社，2000 年 12 月），卷第 9，頁 397。

〔註235〕同上註，卷第 4，頁 177。

下卦不變者「八」，上卦不變者亦「八」，謂上、下卦之不變者皆「八」
而非「七」，以別於上卦得「八」而下卦否或下卦得「八」而上卦否
者，使他占得「八」而涉上、下卦，則亦云「皆八」矣。〔註236〕
趙氏尙稱「八」者，即指「不變爻」而言。其謂之所以稱「之八」、「皆八」，
乃實際占例之中並無「七」字出現，且〈艮〉䷳之八一爻不變在下卦之二，
〈泰〉䷊之八一爻不變在上卦之五，是以謂「之八」。

　　趙氏又言「皆八」之意，乃指〈屯〉䷂下卦六二、六三、上卦上六均不
變，咸屬陰爻皆「八」非「七」，〈豫〉䷏下卦六二、六三、上卦上六亦不變，
皆屬陰爻爲「八」非「七」，事涉兩卦各自上、下小成，因而謂之「皆八」。

　　〈泰〉䷊之八何以一爻不變在上卦之「五」？趙氏未有解釋，无從判斷，
且「貞」、「悔」之說亦无能脫離程迥、朱熹「本卦」、「之卦」之藩籬，雖言：
「〈艮〉䷳之八、〈泰〉䷊之八與正〈屯〉䷂悔〈豫〉䷏皆兩卦也。」〔註
237〕然猶如程迥、朱熹一般，將「貞〈屯〉䷂悔〈豫〉䷏」視爲三爻變之「本
卦」、「之卦」筮例，是以曾言：「二書所載三爻變而稱八者，雖止此」〔註238〕
之語。

　　其指〈屯〉䷂六二、六三、上六皆不變，變爲〈豫〉卦䷏之六二、六
三、上六亦皆不變，然其曾否思及，〈屯〉卦䷂變爲〈豫〉卦䷏，〈豫〉卦䷏
又豈止六二、六三、上六不變？〈屯〉䷂之初九，變爲〈豫〉䷏之初六，
策數爲「八」，〈屯〉䷂之九五變爲〈豫〉䷏之六五策數亦成爲「八」，且〈屯〉
䷂之六四變爲〈豫〉䷏之九四則成爲「七」，若此〈豫〉䷏之上卦除上六、
六五爲「八」，尙有九四之「七」，然〈豫〉䷏之下卦則全然爲「八」，易言
之，〈豫〉卦䷏除九四策數爲「七」，餘咸爲「八」，試問此〈豫〉卦䷏又如
何與〈屯〉卦䷂各自上、下皆「八」？

　　趙氏所謂：「蓋凡稱『八』者，皆主不變爻爲言。」其說與愚雖相符，然

〔註236〕參閱〔南宋〕趙汝楳撰：〈先傳考第三・《左傳》《國語》占法・皆八〉，《筮宗》，
　　　　收入嚴靈峯編輯《無求備齋易經集成》（臺北：成文出版社，1976 年據清同
　　　　治十二年粵東書局刊本影印），第 154 冊，頁 87～88。
〔註237〕同上註，頁 85。
〔註238〕同上註，頁 87。

其論述過於模糊與矛盾，尚不足令人信服；惟對比愚之論證有據，反更顯愚言，絕非信口開河，胡謅無憑之眞實。〔清〕毛西河曾謂：

> 若《國語》遇〈泰〉䷊之八，即遇〈泰〉䷊之〈豫〉䷏，〈豫〉䷏
> 則上與五皆不變矣；不止一八矣。然亦曰「之八」，將之上之八耶？
> 之五之八耶？」〔註239〕

毛奇齡言〈泰〉䷊之八即〈泰〉䷊之〈豫〉䷏，乃六五、上六不變皆「八」之筮例，不止一爻「八」，然又何以曰：「之八」？是上六之「八」？抑六五之「八」？

　　毛氏提此「〈泰〉䷊之八即〈泰〉䷊之〈豫〉䷏」說，據何而來？未有說明，倘若能以「貞〈屯〉䷂悔〈豫〉䷏」之〈豫〉卦䷏對應，又何不以「〈艮〉䷳之八是謂〈艮〉䷳之〈隨〉䷐」之〈隨〉卦䷐參照，反近似「體例」？其論，愚頗有「信口胡謅」之慨！

　　〔清〕謝濟世（1689～1756）於「得〈泰〉䷊之八」，亦曾謂：「〈泰〉䷊之〈晉〉䷢」，〔註240〕與愚解不殊，惟同然趙汝楳般，均無明言如何推論？是以驗證過程全然不知。

　　今觀謝氏〈筮儀〉內容，咸遵《易數大略》且依程迥、朱熹之說以論，幾爲趙汝楳之翻版，比較二者之論，諸如謝濟世謂：「二爻變，則占本卦之二變爻，以上爻爲主：《易數大畧》與本義同，他无考。」〔註241〕趙汝楳則言：「二爻變——《易數大略》曰：以本卦二變爻占，仍以上爻爲主。案二書无此例。」〔註242〕趙氏所云「二書」，即指《春秋》內、外《傳》之意。

　　謝氏又言：「三爻變，則占本卦及之卦之《象》辭。〈晉語〉公子重耳筮

〔註239〕參閱〔清〕毛奇齡撰：《易小帖》，收入景印《文淵閣四庫全書・經部35・易類》（臺北：臺灣商務印書館，1983年），第41冊，卷4，頁590。

〔註240〕按：謝氏之論轉引自全祖望之言，全氏曰：「近世經師，亦多知舊解之非，故蕭山毛檢討以爲〈泰〉䷊之〈豫〉䷏；桂林謝御史以爲〈泰〉䷊之〈晉〉䷢，則何以竟不及兩《象》也。

〔註241〕參閱〔清〕謝濟世撰：〈筮儀〉，《易在》（上海：上海圖書館藏手稿本，雍正壬子（1732年）仲秋桂林謝濟世梅莊甫識於察翰叟營中）

〔註242〕〔南宋〕趙汝楳撰：〈先傳考第三・《左傳》《國語》占法・皆八〉，《筮宗》，收入嚴靈峯編輯《無求備齋易經集成》（臺北：成文出版社，1976年據清同治十二年奧東書局刊本影印），第154冊，頁81。

有國，得貞〈屯〉䷂悔〈豫〉䷏，司空季子舉利建侯爲言是也。然〈周語〉晉筮成公遇〈乾〉䷀之〈否〉䷋却引他書而不及《易》《象》。」〔註243〕趙氏且云：「三爻變——《易數大略》曰：以本卦及之卦《象》辭占。案：〈晉語〉晉公子筮有晉國得正〈屯〉䷂悔〈豫〉䷏，司空季子舉利建侯，此以兩卦《象》辭占者，然〈周語〉晉筮成公遇〈乾〉䷀之〈否〉䷋，亦三爻變，乃引當時占書而不舉《易》、《象》。」〔註244〕

　　兩相對照，所舉謝氏之說幾與趙氏相埒，餘例尚繁不贅惟均同然若此，內容堪稱幾承趙氏之語，足見其「之八」、「皆八」之說，概同於趙氏且貞、悔之論亦咸遵程、朱一脈，故其「〈泰〉䷊之〈晉〉䷢」說或恐與趙氏推論相類，惟無隻字片語可供查考，殊覺遺憾。

第五節　小　結

　　全祖望曾駁謝濟世（梅莊）「〈泰〉䷊之〈晉〉䷢」：「則何竟不及兩〈象〉也。」〔註245〕此斥則反章顯全氏：「〈泰〉䷊之〈剝〉䷖」之矛盾。何以其言：「〈泰〉䷊之〈剝〉䷖」〔註246〕無須「兩《象》」之慮？惟謝氏須之？猶如趙汝楳亦須之？

　　謝、趙之說無從查考，然愚之論已曉然著白兼及〈泰〉䷊、〈晉〉䷢兩卦之兆，惟全氏者何耶？其言：

> 其實由〈泰〉䷊而〈剝〉䷖，凡事不吉，而爭國則吉。蓋兩爻皆不變或以爲占下爻、或以爲占上爻，亦頗不同，如是卦以爭國，則當占五，今〈泰〉䷊五則「帝乙歸妹」、〈剝〉䷖五則「貫魚以宮

〔註243〕參閱〔清〕謝濟世撰：〈筮儀〉，《易在》（上海：上海圖書館藏手稿本，雍正壬子（1732年）仲秋桂林謝濟世梅莊甫識於察翰叟營中）

〔註244〕〔南宋〕趙汝楳撰：〈先傳考第三・《左傳》《國語》占法・皆八〉，《筮宗》，收入嚴靈峯編輯《無求備齋易經集成》（臺北：成文出版社，1976年據清同治十二年奧東書局刊本影印），第154冊，頁81〜82。

〔註245〕〔清〕全祖望撰：〈易問目答董秉純〉，《經史問答》，收入《續修四庫全書・子部・雜家類》（上海：上海古籍出版社，1995年據清乾隆三十年刻本影印），第1147冊，卷1，頁583。

〔註246〕同上註，卷1，頁582。按：全祖望答：「愚因此六卦推之，以爲當日所遇者〈泰〉䷊之〈剝〉䷖也。

人寵」，其爲得國必矣。董因之見不及此，而但取「大往小來」之說，
則其於〈泰〉䷊之八何有矣？〔註247〕

全氏言倘依〈泰〉䷊之〈剝〉䷖卦意而論，凡事咸皆不吉，惟爭國之大事
者則吉。復言朱熹「四爻變，占之卦二不變爻」或占上、或占下爻頗有不同，
如是卦以爭國事而論者，若依之卦〈剝〉䷖六四、六五兩不變爻而言，則當
占五爻爲是。

全氏舉〈泰〉卦䷊六五：「帝乙歸妹」與〈剝〉卦䷖六五：「貫魚以宮
人寵」兩爻辭比較，謂之此必爲得國之象徵。更言董因不見及此，故反引與
情勢不符之「大往小來」論占「得〈泰〉䷊之八」。

愚甚不明全氏「〈泰〉䷊之〈剝〉䷖，凡事不吉，爭國則吉」，此論所
據爲何？又憑何能言如此？其論更自何來？若以朱熹四爻變之說推測〈泰〉
䷊之八，乃〈泰〉䷊初、二、三、上，四爻變之〈剝〉䷖，亦理當依朱子
「四爻變則占之卦二不變爻，且以下爻爲主」以論，然今〈剝〉卦䷖六四爻
辭：「剝牀以膚，凶。」〔註248〕卻較六五爻辭：「貫魚，以宮人寵，无不利」
〔註249〕尤顯不堪。

是以全氏爲俾己論成立，或取劉禹錫曾謂本筮：「內爲身，外爲事，卜得
國事也，以外卦爲占，六五居尊位，故統論卦」〔註250〕之說，故以「二爻」
視若「二卦」、上爻即喻「外卦」般，反易言「爭國當占五爻」，且引本卦〈泰〉
卦䷊六五爻辭：「帝乙歸妹，以祉元吉」〔註251〕相對以證其「及於兩《象》」
之說，然既曰「兩《象》」又豈可以「兩爻」代之？

全氏曾否自覺？其爲解「之八」、「皆八」筮例，所采一式「貞、悔」兩

〔註247〕〔清〕全祖望撰：〈易問目答董秉純〉，《經史問答》，收入《續修四庫全書・
子部・雜家類》（上海：上海古籍出版社，1995 年據清乾隆三十年刻本影印），
第 1147 冊，卷 1，頁 583。

〔註248〕參閱十三經注疏本《周易正義》（北京：北京大學出版社，2000 年），卷第 3，
頁 129。

〔註249〕同上註，頁 130。

〔註250〕參閱〔唐〕劉禹錫撰：〈論下・辯《易》九、六論〉，《劉賓客文集》，收入景
印《文淵閣四庫全書・集部 16・別集類》（臺北：臺灣商務印書館，1985 年），
第 1077 冊，卷 7，頁 372。

〔註251〕同註 248，卷第 2，頁 81。

套說法暨一「八」二解之論，本即自相矛盾，更不獲眾家所納，況其曾言：「愚故以爲所遇者〈剝〉䷖，雖亦出懸揣之辭，而於理近之穆姜之筮也。」〔註252〕卻又自忖上述咸爲「懸揣之辭」，僅因「理近」於穆姜〈艮〉䷳之八筮例，故以爲〈泰〉䷊之八即〈泰〉䷊之〈剝〉䷖也。

　　全氏以此虛擬假設之說，即斥謝氏所言者非，何由考之？若果此般「懸揣」之論可憑，豈非愚論者亦非？是以全氏主觀兼及矛盾淺視之論，尤不足取。

　　故此，得〈泰〉䷊之八、遇〈艮〉䷳之八、得貞〈屯〉䷂悔〈豫〉䷏皆八，均以「七、八」不變者爲占且三「八」咸皆「不變陰爻」之說法，確然成立且「得貞〈屯〉䷂悔〈豫〉䷏皆八」乃兩次占筮之結果則已無庸置疑，更且三者筮法亦能確立咸非《周易》所爲。

　　若然尚秉和曾謂：「此等筮法其亡已久。而左氏內、外《傳》所紀又止此三起，後人無以會其通，故無從索解耳」〔註253〕之說法，愚以爲，亦應自此有所修正。惟筮法究屬《連山》抑或《歸藏》，則尚待進一步之探討方可定論。

〔註252〕〔清〕全祖望撰：〈易問目答董秉純〉，《經史問答》，收入《續修四庫全書・子部・雜家類》（上海：上海古籍出版社，1995 年據清乾隆三十年刻本影印），第 1147 冊，卷 1，頁 583。

〔註253〕尚秉和輯：〈論八〉，《周易古筮考》（北京：中國書店，1995 年 3 月），卷 9，葉 14。

第七章 結 論

　　泊〔東漢〕賈逵（30～101）注《左傳・襄公九年》「遇〈艮〉䷳之八」
提出「《連山》、《歸藏》七、八爲占」，以解《春秋》內、外《傳》筮法之「八」，
間繼〔東吳〕韋昭（204～273）注解「得貞〈屯〉䷂悔〈豫〉䷏皆八」，
且迄〔西晉〕杜預（222～284）因襲之，皆言《連山》、《歸藏》七、八之占，
然所稱《連山》、《歸藏》者，咸由《周禮》「三《易》之說」而來，惟此二
《易》，獨不見於《漢書・藝文志》，致使歷來咸有三《易》朝代歸屬之爭，
至今尙無定論，然又無能否定《連山》、《歸藏》二《易》確曾存在之事實。
且由出土材料已得證實今傳《歸藏易》者，絕非僞書，更自〔東漢〕鄭玄（127
～200）注《易緯乾鑿度》得窺，《連山》、《歸藏》、《周易》咸皆「太易、太
初、太始、太素」演變而生，故知三《易》本其同源。雖已證「之八」、「皆
八」咸非《周易》筮法，然參照現有出土戰國楚簡數字卦而論，筮法之「八」
究屬《連山》抑或《歸藏》？終歸無以得解，尙俟更多材料暨文獻之出土，
其眞象或方能以證。

第一節　《連山》、《歸藏》不占變說之省思

　　審省今存文獻，提出《連山》、《歸藏》七、八爲占，以解《春秋》內、
外《傳》筮法之「八」者，昉於賈逵（30～101）注《左傳・襄公九年》「遇

〈艮〉䷳之八」所言:「二《易》皆以七、八為占。故此筮遇八,謂〈艮〉䷳之第二爻不變者,是八也。」〔註1〕且繼韋昭(204〜273)解「貞〈屯〉䷂悔〈豫〉䷏皆八」,迄杜預(222〜284)承襲以注:「遇〈艮〉䷳之八」,皆言《連山》、《歸藏》七、八之占。

其言《連山》、《歸藏》,咸自《周禮》三《易》之說而來。《周禮》乃經典中最早出現三《易》之名者,其謂:

> 太卜掌三《易》之灋,一曰《連山》、二曰《歸藏》、三曰《周易》。
> 其經卦皆八,其別皆六十有四;〔註2〕筮人掌三《易》,以辨九筮之名,一曰《連山》,二曰《歸藏》,三曰《周易》。〔註3〕

然此三《易》歸屬朝代之爭,又始於〔東漢〕杜子春(?),歷代紛擾未止,迄今未有定論。

杜子春謂:「《連山》,宓戲;《歸藏》,黃帝。」〔註4〕故有學者以為:「杜子春說,可視為『三代《易》說』的萌芽。」〔註5〕〔東漢〕王充(27〜97)則謂:

> 古者烈山氏之王得「河圖」,夏后因之曰《連山》;歸藏氏之王得「河圖」,殷人因之曰《歸藏》;伏羲氏之王得「河圖」,周人因之曰《周易》。其經卦皆八,其別卦皆六十四,文王、周公因象十八章,究六爻。〔註6〕

王充稱「夏后」為《連山》、殷人為《歸藏》、周人為《周易》。王充言「夏后」之「后」字,《爾雅》曰:「林、烝、天、帝、皇、王、『后』、辟、公、侯,

---

〔註1〕 參閱本文第三章註2之解說。

〔註2〕 十三經注疏本〈大卜〉,《周禮注疏》(北京:北京大學出版社,2000年),卷24,頁748〜749。

〔註3〕 十三經注疏本〈筮人〉,《周禮注疏》,卷24,頁764。

〔註4〕 同註2,頁747。

〔註5〕 參閱程二行、彭公璞:〈《歸藏》非殷人之《易》考〉,《中國哲學史》2004年第2期,頁101。

〔註6〕 參閱〔東漢〕王充撰,〔清〕惠棟批校:〈正說篇〉,《論衡》,見《中國子學名著集成》(088)珍本初編雜家子部(臺北:中國子學名著集成編印基金會,1978年據〔明〕萬曆間新安程榮刊漢魏叢書本影印),卷28,頁1185〜1186。

君也。」〔註7〕其「后」字即「君」意。

〈泰〉卦䷊《大象》：「天地交泰，『后』以財成天地之道。」〔註8〕〔吳〕虞翻（164～233）注曰：「后，君也。陰升乾☰位，坤☷女主，故稱后」〔註9〕；《周禮》猶言：「掌建國之灋，以分國爲九州，營國城郭，營『后』宮……」〔註10〕鄭玄注：「后，君也」〔註11〕；《禮記》且云：「『后』王命冢宰，降德于眾兆民。」〔註12〕鄭玄亦注：「后，君也。」〔註13〕

是以「后」字，猶如〔東晉〕郭璞（276～324）援引：《歸藏‧鄭母經》所言：「『夏『后』啓筮，御飛龍登于天，吉。明啓亦仙也』」〔註14〕之「后」字，咸表「君王」，「夏后」猶夏朝君王之意，故王充所稱《連山》即屬夏朝之《易》。

若此鄭玄亦稱：「夏曰《連山》，殷曰《歸藏》，周曰《周易》。」〔註15〕且于回答弟子趙商（？）之問時，推翻杜子春之說而謂：「此數者，非無明文，改之無據，故著子春說而已，近師皆以爲夏、商、周。」〔註16〕洎此，鄭玄

〔註7〕　參閱〔東晉〕郭璞注，〔明〕葉自本糾譌，〔清〕陳趙鵠重校：〈釋詁第一〉，《爾雅》（北京：中華書局，1985年），卷之上，頁1。

〔註8〕　〔唐〕李鼎祚輯：〈易傳〉，《周易集解》，收入嚴靈峯編輯：《無求備齋易經集成》（臺北：成文出版社，1976年據〔清〕乾隆二十一年雅雨堂刊本影印），第9冊，卷4，頁162。

〔註9〕　同上註。

〔註10〕　參閱十三經注疏本〈量人〉，《周禮注疏》（北京：北京大學出版社，2000年），卷第30，頁929。

〔註11〕　同上註，頁930。

〔註12〕　參閱〔東漢〕鄭玄注，〔唐〕孔穎達疏：〈內則第十二〉，《禮記注疏》（北京：北京大學出版社，2000年），卷第27，頁965。（按：以下凡有資料引自本書，均簡稱爲十三經注疏本《禮記注疏》。）

〔註13〕　十三經注疏本《禮記注疏》（北京：北京大學出版社，2000年），卷第27，頁965。

〔註14〕　參閱〔東晉〕郭璞注：〈海外西經第七〉，《山海經》，收入王雲五主編：《四部叢刊初編子部》（臺北：臺灣商務印書館，1967年據上海商務印書館縮印江安傅氏雙鑑樓藏明成化刊本影印），第27冊，卷7，頁51。

〔註15〕　參閱〔東漢〕鄭玄注，〔南宋〕王應麟纂輯：〈易贊、易論〉，《周易鄭康成注》，收入嚴靈峯編輯：《無求備齋易經集成》（臺北：成文出版社，1976年據元刊本影印），第175冊，頁55。

〔註16〕　參閱十三經注疏本〈大卜〉，《周禮注疏》（北京：北京大學出版社，2000年），卷24，頁747。

三代《易》說,昉定為「夏——《連山》、商——《歸藏》、周——《周易》」。且鄭氏所憑乃依「近師」之說而來,然其「近師」為何?卻無交待,更且亦無弟子如同質疑杜子春般詢曰:「今當從此說以不?敢問:『鄭師何由知之?』」〔註17〕其後〔唐〕賈公彥(?)曾為鄭玄此說提出疏解:

> 鄭雖不解《周易》,其名《周易》者,《連山》、《歸藏》,皆不言地號,以義名《易》,則周非地號。以《周易》以純〈乾〉䷀為首,〈乾〉䷀為天,天能周帀於四時,故名《易》為「周」也。必以三者為首者,取三正三統之義。故〈律歷志〉云:「黃鍾為天統,黃鍾子為天正。林鍾為地統,未之衝丑,故為地正。大簇為人統,寅為人正。」周以十一月為正,天統,故以〈乾〉䷀為天首。殷以十二月為正,地統,故以〈坤〉䷁為首。夏以十三月為正,人統,人無為卦首之理,〈艮〉䷳漸正月,故以〈艮〉䷳為首也。〔註18〕

賈氏言鄭玄於此雖不釋《周易》,然稱《周易》者,對照《連山》、《歸藏》二《易》均不云「地號」,而以「象徵之義」稱《易》名,則「周」字亦非地號,即如二《易》取其「象徵之義」。

賈氏又謂觀《周易》以〈乾〉卦䷀為首,〈乾〉䷀象徵天,天能周布於四時,是以名《易》謂之「周」即象徵「環繞周密」之意。惟環繞周布,亦取三正三統之義,其必以三正為首,故〈律歷志〉言:「黃鍾為天統,黃鍾處十二地支『子』位,為『天正』;林鍾為地統,處十二地支『未』處,『未』與地支『丑』衝,是以『丑』為『地正』;太簇為人統,位於十二地支『寅』位,故而『寅』為人正。」

賈氏言周朝取農曆十一月為「正月」,即為「天統」,若此《周易》以〈乾〉

〔註17〕 賈公彥疏引鄭玄謂:「子春云『玉兆帝顓之兆,瓦兆帝堯之兆,原兆有周之兆』者,趙商問此,并問下文:『子春云《連山》宓戲,《歸藏》黃帝。今當從此說以不?敢問杜子春何由知之?』」(參閱十三經注疏本〈大卜〉,《周禮注疏》,卷24,頁747。)按:鄭玄弟子敢問杜子春之疑,依愚之見,其心中或對鄭玄之說亦有存惑,然不敢提出耳,致今日眾人猶然不知鄭氏之說,又自何來?

〔註18〕 十三經注疏本〈大卜〉,《周禮注疏》(北京:北京大學出版社,2000年),卷24,頁749。

卦☰爲天，居六十四卦之首；殷商定農曆十二月爲「正月」，亦即「地統」，故而《歸藏易》以〈坤〉卦☷爲六十四卦之首；夏以十三月〔註19〕爲農曆「正」月，十三月即「寅」位，人統之位，然人無居卦首之理，依《說卦傳》言：「〈艮〉☶，東北之卦也」〔註20〕，且《易緯乾鑿度》有云：「艮☶終始之於東北方，位在十二月」〔註21〕，鄭玄亦注：「乾☰御戌、亥，在於十月而漸九月也。」〔註22〕故依「戌、乾☰、亥」順時以推，則「丑、艮☶、寅」之勢即成，依序由艮☶至寅，是以「艮☶漸於寅」，故夏《連山易》則取〈艮〉卦☶居六十四卦之首。

　　賈公彥云：「鄭雖不解《周易》」，乃意指鄭玄於〈大卜〉掌三《易》之灋時，於《周易》未有注解，僅言：「名曰《連山》，似山出內雲氣也。《歸藏》者，萬物莫不歸而藏於其中。」〔註23〕惟鄭玄於〈易贊、易論〉中曾對《周易》有所解釋，其曰：「《周易》者，言《易》道周普，无所不備。」〔註24〕觀之賈氏上述所言，其意相類鄭氏之說，如出一轍。然其謂：「周非地號」一語，〔唐〕孔穎達（574～648）則有異議，孔氏云：

　　案《世譜》等羣書，神農一曰連山氏，亦曰列山氏，黃帝一曰歸藏

〔註19〕　按：《後漢書·陳寵傳》：「十三月陽氣已至，天地已交，萬物皆出，蟄蟲始振，人以爲正，夏以爲春。」〔唐〕李賢（654～684）注：「十三月，今正月也。天子迎春東郊，陰陽交合，萬物皆出於地，人始初見，故曰：『人以爲正』，夏以爲『歲首』也。」（參閱〔南朝·宋〕范曄撰，〔唐〕李賢注：〈郭陳列傳第三十六·陳寵傳〉，《後漢書》，收錄《二十五史》（臺北：臺灣開明書局，1934年），卷76，頁800。）

〔註20〕　參閱十三經注疏本〈說卦第九〉，《周易正義》（北京：北京大學出版社，2000年），卷第9，頁386。

〔註21〕　參閱〔東漢〕鄭玄注：《易緯乾鑿度》，收入嚴靈峯編輯：《無求備齋易經集成》（臺北：成文出版社，1976年據〔清〕乾隆二十一年雅雨堂刊本影印），第157冊，卷上，頁7。

〔註22〕　同上註。

〔註23〕　參閱十三經注疏本〈大卜〉，《周禮注疏》（北京：北京大學出版社，2000年），卷24，頁748。

〔註24〕　參閱〔東漢〕鄭玄注，〔南宋〕王應麟纂輯：〈易贊、易論〉，《周易鄭康成注》，收入嚴靈峯編輯：《無求備齋易經集成》（臺北：成文出版社，1976年據元刊本影印），第175冊，頁55。

氏。既連山、歸藏並是代號,則《周易》稱「周」,取岐陽地名。《毛詩》云:「周原膴膴」是也。又文王作《易》之時,正在羑里,周德未興,猶是殷世也,故題周,別於殷。以此文王所演,故謂之《周易》,其猶《周書》、《周禮》,題「周」以別餘代。故《易緯》云「因代以題周」是也。先儒又兼取鄭說云:「既指周代之名,亦是普徧之義。」雖欲无所遐棄,亦恐未可盡通。其《易》題周,因代以稱周,是先儒更不別解,唯皇甫謐云:「文王在羑里演六十四卦,著七、八、九、六之爻,謂之《周易》。」以此文王安「周」字,其《繫辭》之文,《連山》、《歸藏》无以言也。〔註25〕

孔穎達案《世譜》等羣書記載,神農氏一曰「連山氏」,亦曰「列山氏」;黃帝一稱「歸藏氏」。既言「連山」、「歸藏」之名雖非「地號」而為「代號」之稱,然此「周」字,乃取「地號——岐陽」,猶如《毛詩》所云:「周原肥沃豐腴」象徵之義,故其為「地號」非「代號」之稱。

孔氏又稱文王作《易》之時,正因羑里周德未興之際,尚是殷世之時,此題「周」字則有別於「殷商」一朝,是以《易緯》言之:「因代以題周」〔註26〕,即言「周」字又表「朝代」之意,故先儒則有兼取鄭玄之說而云:「既指周代之名,且有普徧之義。」然孔氏卻稱此言,雖無摒棄之理,卻也未盡可通。

孔氏謂此《易》乃周文王所演,是以稱之《周易》,此情猶如所云《周書》、《周禮》之名一般,故以「周」表「朝代」之意,若此先儒亦不作旁解,唯僅〔西晉〕皇甫謐(215～282)言之「文王演六十四卦,著七、八、九、六之爻,故稱《周易》」。

孔氏更稱《周易》有《繫辭》之文,然《連山》、《歸藏》並無,且以之證《周易》乃周代之《易》有別於《連山》、《歸藏》二《易》。故依孔穎達之言,其采「周」字乃「地號兼朝代」之義,非如鄭玄「普徧」之說且駁賈公

〔註25〕 參閱十三經注疏本〈論三代《易》名〉,《周易正義》(北京:北京大學出版社,2000年),卷首,頁10。

〔註26〕 參閱〔清〕黃奭輯:〈易緯〉,《通緯》,收入《漢學堂經解》(揚州:廣陵書社,2004年),第3冊,頁1424。

彥「非地號、周帀於四時」之謂。

　　然孔穎達於《左傳》疏解曾云：「其《連山》、《歸藏》以不變爲占，占七、八之爻。二《易》並亡，不知實以否。」〔註27〕既言「二《易》並亡」，顯見其時，孔氏亦未見此二書，又何以篤定謂之：「其《繫辭》之文，《連山》、《歸藏》无以言也」？所據何由？愚甚感納悶。

　　賈公彥引〈律歷志〉所云：「黃鍾爲天統，表〈乾〉䷀，其位於子，且周曆以十一月爲正，是以《周易》取〈乾〉卦䷀爲首；林鍾爲地統，表〈坤〉䷁，居未處，依地支「六衝」〔註28〕之說，其與丑衝，故殷曆以十二月爲正，《歸藏》則以〈坤〉卦䷁爲首；同理，十二律呂太簇居寅，夏曆以寅爲正，且〈艮〉䷳漸正月，故而《連山易》以〈艮〉䷳卦居首。」若此，依賈氏之言，即知鄭玄「三代之《易》」乃循〔東漢〕班固（32～92）「三統三正」之說而來，班氏其言如下：

　　　　三統者，天施、地化、人事之紀。十一月，〈乾〉䷀之初九，陽氣
　　　　伏於地下，始著爲一，萬物萌動，鐘於太陰，故黃鍾爲天統，律長
　　　　九寸，九者，所以究極中和，爲萬物元也；《易》曰：「立天之道，
　　　　曰陰與陽。」六月，〈坤〉䷁之初六，陰氣受任於太陽，繼養化柔，
　　　　萬物生長，楙之於未，令種剛彊大，故林鍾爲地統，律長六寸，六
　　　　者，所以含陽之施，楙之於六合之内，令剛柔有體也；「立地之道，
　　　　曰柔與剛。」〈乾〉䷀知大始，〈坤〉䷁作成物。正月，〈乾〉䷀之
　　　　九三，萬物棣通，族出於寅，人奉而成之，仁以養之，義以行之，
　　　　令事物各得其理；寅，木也，爲仁，其聲，商也，爲義，故太族爲
　　　　人統，律長八寸，像八卦，宓戲氏之所以順天地，通神明，類萬物

〔註27〕參閱十三經注疏本《春秋左傳正義》（北京：北京大學出版社，2000 年），卷第 30，頁 997。

〔註28〕按：十二地支衝破者計六組，子午衝破、丑未衝破、寅申衝破、卯酉衝破、辰戌衝破、巳亥衝破。（參閱〔隋〕蕭吉撰：〈第十三論衝破〉，《五行大義》，收入《續修四庫全書》（上海：上海古籍出版社，1995 年據宛委別藏日本刻佚存叢書本影印），第 1060 冊，卷第 2，頁 228。又按：「地支取七位爲衝。」如自丑算起至未爲第七位，是以丑、未相衝。（參閱〔明〕萬民英撰：〈論衝擊〉，《三命通會》，收入景印《文淵閣四庫全書・子部 116・術數類》（臺北：臺灣商務印書館，1985 年），第 810 冊，卷 2，頁 117。）

之情也。「立人之道，曰仁與義。」「在天成象，在地成形。」「后以裁成天地之道，輔相天地之宜，以左右民。」此三律之謂矣，是爲三統。其於三正也，黃鐘，子，爲天正；林鐘，未之衝丑，爲地正；太族，寅，爲人正。三正正始，是以地正適其始紐於陽東北丑位。《易》曰：「東北喪朋，迺終有慶」，荅應之道也。及黃鐘爲宮，則太族、姑洗、林鐘、南呂皆以正聲應，無有忽微，不復與它律爲役者，同心一統之義也。非黃鐘而它律，雖當其月自宮者，則其和應之律有空積忽微，不得其正。此黃鐘至尊，亡與並也。〔註29〕

班固據十二辟卦予以解釋「三統」之說，其言「三統」包含「天施、地化、人事」三者之剛紀準則。十一月，乃〈坤〉卦☷初爻自陰變陽乃成〈復〉卦☷之時，屬〈乾〉卦☰初九，此時陽氣仍潛伏地下，是以始著爲「一」，象徵萬物萌動之際，律呂起於太陰〈坤〉卦☷，與太陰配者乃「天」也，故黃鐘爲天統，律管長九寸，九者，中正平和之極，乃萬物之本元。班固即舉《說卦傳》所言：「立天之道，曰陰與陽。」〔註30〕以綜上述之說。

六月，乃十二辟卦〈坤〉卦☷之初六，其時陰氣受之於太陽〈乾〉卦☰，繼養化柔，萬物成長，茂盛於未月，使種籽剛猛莖壯，是以林鐘爲地統，律管長六寸，六者，象徵含陽之施授，興旺於天地之間，使剛柔有體。班氏亦舉《說卦傳》：「立地之道，曰柔與剛」〔註31〕以了其述。

班固則依《繫傳》之言：「〈乾〉☰知大始，〈坤〉☷作成物」〔註32〕以釋正月之義。正月，〈乾〉卦☰之九三，此際，萬物通達條暢，宗族衍生於寅，人奏天命成之，以仁滋養，立義以行，俾人情事物咸有其理；寅，五行屬木，爲仁，其聲爲「商音」，五行屬金，乃義氣之象，故太簇爲人統，律管長八寸，象徵八卦，伏羲氏之所以順應天地，「以通神明之德，以類萬物之情。」〔註33〕

〔註29〕 參閱〔東漢〕班固撰：〈律歷志第一上〉，《漢書》，收錄《二十五史》（臺北：臺灣開明書店，1934年），頁373。

〔註30〕 參閱十三經注疏本〈說卦第九〉，《周易正義》（北京：北京大學出版社，2000年），卷第9，頁383。

〔註31〕 同上註。

〔註32〕 同上註，卷第7，頁304。

〔註33〕 同上註，卷第8，頁351。

　　班固更以《說卦傳》：「立人之道，曰仁與義。」〔註34〕《繫辭傳》：「在天成象，在地成形。」〔註35〕〈泰〉卦䷊《大象》：「后以裁成天地之道，輔相天地之宜，以左右民。」〔註36〕據此三者謂之「三統」之三律也。

　　班固又言：「三正」者，黃鐘，居子，爲天正；林鐘居未衝丑，丑爲地正；太簇，居寅，乃爲人正。三正象徵歷法方始之正月，故地正「丑」適居於東北少陽〈艮〉卦䷳之始，其與未衝，是以〈坤〉卦䷁《象傳》：「東北喪朋，乃終有慶」〔註37〕，與「西北得朋，乃與類行」〔註38〕，二者即相對感應之道。

　　若此猶如黃鐘爲宮音，則太簇即商音，姑洗爲角音，林鐘則徵音，南呂乃羽音，〔註39〕咸皆符合音律之聲以相應，縱然極微之差異亦絕無發生，不參雜它律重復交相役使，即如同心一統之義。

　　班固稱，若非黃鐘而乃它月之鐘爲宮者，則將與和應之律產生極小律差，而不得其正，此因黃鐘律管爲九，即表至尊之意，无有能與之相提而論者。班固「三統三正」之說蓋已曉然，鄭玄「三代之《易》」所由之宗，則亦明矣。

　　然考「三統三正」之根由，尚須上溯至漢初伏勝（260～161B.C.）所著《尚書大傳》。《尚書大傳》之於「三統三正」述說甚明：

> 王者存二王之後，與己爲三，所以通三統，立三正。周人以至日爲正，殷人以日至後三十日爲正，夏人以日至後六十日爲正。天有三統，土有三王，三王者，所以統天下也。〔註40〕

《尚書大傳》紀載伏勝所說「三統三正」之事，乃指王者咸存二王之後，加計含己共有三位循環，所以通三統立三正。

　　伏勝則舉夏、商、周爲例，周朝以多至日，猶子月爲正，商以多至日後

〔註34〕十三經注疏本〈說卦第九〉，《周易正義》（北京：北京大學出版社，2000年），卷第9，頁384。

〔註35〕同上註，卷第7，頁303。

〔註36〕同上註，卷第2，頁78。

〔註37〕同上註，卷第1，頁31。

〔註38〕同上註。

〔註39〕參閱〔西漢〕司馬遷撰：〈歷書第四〉，《史記》，收錄《二十五史》（臺北：臺灣開明書店，1934年），卷26，頁106。

〔註40〕〔西漢〕伏勝撰，〔東漢〕鄭玄注，〔清〕陳壽祺輯校：〈略說〉，《尚書大傳》（北京：中華書局，1985年），卷3，頁125。

三十日，乃丑月爲正，夏以冬至日後六十日，即寅月爲正。且三正乃天之三統，而地有三王（夏、商、周），故此三王依三統，以治天下。

> 伏勝又云：「天有三統，物有三變，故正色有三。……是故三統三正，若循連環，周則又始，窮則反本。」〔註41〕復謂：「夏以孟春爲正，殷以季冬爲正，周以仲冬爲正；夏以十三月爲正，色尚黑，以平旦爲朔，殷以十二月爲正，色尚白，以雞鳴爲朔，周以十一月爲正，色尚赤，以夜半爲朔，不以二月後爲正者，萬物不齊，莫適所統，故必以三微〔註42〕之月也，三正之相承，若順連環也。」〔註43〕伏勝解釋「三統三正」之說雖然簡短，然則語意清晰明了，緣由雖無交待尚且未明，惟於之後〔西漢〕董仲舒（179～104B.C.）之「三統說」，則可謂具有曠然啓迪之張本效能。

汪高鑫先生曾言：

> 「三統說」，是一種肯定歷史朝代必須按照黑統、白統和赤統，三統依次循環更替的學說。這種學說認爲，凡是異姓受命而王，都必須改正朔。由于正朔時間不同，物萌之時的顏色各異，與此三正相對應，也就有了黑、白、赤三色。具體而言，黑統以寅月（一月）爲正月，色尚黑；白統以丑月（十二月）爲正月，色尚白；赤統以子月（十一月）爲正月，色尚赤。因此「三統」又稱「三統三正」。〔註44〕

林麗雪先生亦云：「三統又稱三正，以黑統爲首。」〔註45〕汪高鑫先生猶稱：

〔註41〕〔西漢〕伏勝撰，〔東漢〕鄭玄注，〔清〕陳壽祺輯校：〈略說〉，《尚書大傳》（北京：中華書局，1985年），卷3，頁125～126。

〔註42〕《後漢書·陳寵傳》：「三微成著，以通三統。」〔唐〕李賢注引《三禮義宗》：「三微，三正也。」（參閱（南朝·宋）范曄撰，〔唐〕李賢注：〈郭陳列傳第三十六·陳寵傳〉，《後漢書》，收錄《二十五史》（臺北：臺灣開明書店，1934年），卷76，頁800。）

〔註43〕同註41，頁126。

〔註44〕參閱汪高鑫先生：〈「三統」說與董仲舒的歷史變易思想〉，《齊魯學刊》2002年第3期，頁96。

〔註45〕參閱林麗雪先生撰：〈董仲舒〉，見王壽南總編輯：《中國歷代思想家》（臺北：臺灣商務印書館，1999），第2冊，頁960。

　　「三統說」作爲一種表述古今變易的歷史學說，它的創始人究竟是誰，現已無法確知。〔註46〕但從現有資料來看，對這一學說記述最爲詳盡的，當數董仲舒的《春秋繁露》一書。〔註47〕

張端穗先生且謂：

　　西漢大儒董仲舒在〈三代改制質文〉〔註48〕一篇文字中提出了一個內容豐富、系統嚴密的古代歷史發展的理論。這個理論簡稱三統說，據學者考證是模倣戰國時期驫行的五德終始說〔註49〕而建立的。〔註50〕

〔註46〕 按：《尚書大傳》雖有敘述，惟來源依據猶不見交待。雖知洎伏生所傳，然其師承，依舊不明。是以《四庫提要》亦僅能云：「然則此《傳》，乃張生、歐陽生所述，特源出於勝爾，非勝自撰也。……蓋伏生畢世業書，不容二十八篇之外全不記憶，特舉其完篇者傳於世，其零章斷句，則偶然附記於傳中，亦事理所有，不足以爲異矣。」（參閱〔清〕永瑢等編撰：〈尚書大傳四卷補遺一卷〉，〈四庫全書總目・經部十二・書類二〉（臺北：藝文印書館，1964年），卷12，頁298～299。）

〔註47〕 汪高鑫先生：〈「三統」說與董仲舒的歷史變易思想〉，《齊魯學刊》2002年第3期，頁96。且林麗雪先生猶言：「董仲舒在舉證時，僅止於白統的湯，而不敢上推至黑統的夏，就是因爲三統說較晚形成，爲了取信於早已亦譖五德說的人們，不得不有的遮掩態度。」（參閱林麗雪先生撰：〈董仲舒〉，見王壽南總編輯：《中國歷代思想家》（臺北：臺灣商務印書館，1999），第2冊，頁960。）

〔註48〕 〈三代改制質文〉內容冗長，今節錄重點以述：「何以謂之王正月？曰：『王者必受命而後王。王者必改正朔，易服色，制禮樂，一統於天下，所以明易姓非繼仁，通以己受之於天也。……奈何曰：『三正』？以黑統初正日，月朔于營室，斗建寅，天統氣，始通化物，物見萌達，其色黑，故朝正服黑，首服藻黑……奈何曰：『正白統』者？歷正口，月朔于虛，斗建丑，天統氣，始蛻化物，物始芽，其色白，故朝正服白，首服藻白……奈何曰：『正赤統』者？歷正日，月朔于牽牛，斗建子天統氣，始施化物，物始動，其色赤，故朝正服赤，首服藻赤……』」（參閱〔西漢〕董仲舒撰：〈三代改制質文第二十三〉，《春秋繁露》（臺北：臺灣中華書局，1975年據抱經堂本校刊），卷7，葉2～葉4。）

〔註49〕 按：以下節引顧頡剛先生之述，略作說明「五德終始」之意。《史記集解》引如淳曰：「今其書有『五德終始』，五德各以所勝爲行。」又《文選・魏都賦》注引《七略》曰：「鄒子有終始五德，從所不勝：土德後木德繼之，金德次之，火德次之，水德次之。」則他的五德說是以「土、木、金、火、水」相次轉移的，其轉移的次序是照著五行相勝的原理規定的。因爲木克土，故木繼土；後金克木，故金繼木……換言之，新朝之起，必因前朝之德衰，新朝所據之德，必爲前朝所不勝之德。這是他的中心思想。（參閱顧頡剛撰：〈五德終始說下的政治和歷史〉，收入《中國古史研究》（臺北：光復書局，1985年），第5冊，頁418。）

董仲舒「三統說」理論，簡言之即指：「夏表黑統，正月建寅；殷表白統，正月建丑；周表赤統，正月建子。」其與三代曆法之說無別，咸爲「夏建寅（正月），殷建丑（十二月），周建子（十一月）」，〔註51〕提倡之主要原因即在於「曆法之需求」〔註52〕。

　　董仲舒於漢景帝（188～141B.C.）時立爲博士，卒於元鼎元、二年間〔註53〕（按：漢武帝元鼎元年即116B.C.），惟孔安國（？）於漢武帝時立博士，〔註54〕約略晚於董仲舒，其注解「三人占，則從二人之言。」即謂：「夏、殷、周，卜、筮各異，三法竝卜，從二人之言。」〔註55〕孔穎達引之疏解《左傳・襄公九年》「遇〈艮〉 ䷖ 之八」謂之：

　　〈洪範〉言卜筮之法，「三人占，則從二人之言」。孔安國云：「夏、

　　殷、周卜、筮各異，三法並卜，從二人之言。」是言筮用三《易》

　　之事也。〔註56〕

〔註50〕 張端穗先生：〈董仲舒思想中三統說的內涵、緣起及意義〉，《東海中文學報》第16期（2004年7月），頁55。

〔註51〕 林麗雪先生撰：〈董仲舒〉，見王壽南總編輯：《中國歷代思想家》（臺北：臺灣商務印書館，1999），第2冊，頁963。

〔註52〕 同上註，頁962。

〔註53〕 同上註，頁897。

〔註54〕 「……蘭陵王臧既受詩以事孝景帝爲太子少傅，免去。今上，初即位，臧乃上書宿衛上，累遷，一歲中爲郎中令。及代趙綰亦嘗受《詩》申公……上因廢明堂事，盡下趙綰、王臧吏，後皆自殺，申公亦疾免以歸，數年卒，弟子爲博士者十餘人，孔安國至臨淮太守。」《集解》徐廣曰：「孔鮒之弟子襄爲惠帝博士，遷爲長沙太傅，生忠，忠生武及安國，安國爲博士，臨淮太守。」（參閱〔西漢〕司馬遷撰：〈儒林列傳第六十一〉，《史記》，收錄《二十五史》（臺北：臺灣開明書店，1934年），卷121，頁264。）按：「孝景」乃西漢第六位皇帝劉啓諡號，司馬遷如是稱之，乃表已崩殂，「今上，初即位」之句，乃指漢武帝無疑。漢武帝因「明堂事件」致王臧、趙綰自盡，申公亦因病辭歸，時孔安國受申公以《詩》，爲申公弟子，乃「博士十餘人」之一，《史記集解》引徐廣言：孔鮒其弟之兒孔襄爲惠帝博士，生孔忠、忠生孔武及孔安國二人，孔安國爲博士，臨淮太守，故依《史記》并《集解》之述，孔安國乃漢武帝時博士，無庸置疑。

〔註55〕 十三經注疏本〈洪範第六〉，《尚書正義》（北京：北京大學出版社，2000年），卷第12，頁372。

〔註56〕 十三經注疏本《春秋左傳正義》（北京：北京大學出版社，2000年），卷第30，頁997。

故由上推論，鄭玄云「三代之《易》」爲「近師」晚出之說，其「近師」者，至遲或可上溯至西漢孔安國之時，然因孔安國之言出於〔東晉〕梅頤（？）之《僞孔傳》，是以孔安國究竟有否此說尙待討論，故有學者不采，而謂「三代《易》說」始作俑者，實爲杜子春。〔註57〕

　　由于《連山》、《歸藏》，不見於《漢書·藝文志》，〔註58〕清初朱彝尊（1629～1709）則歸結曰：「《連山》、《歸藏》，《漢志》不載，則其亡已久。」〔註59〕〔東漢〕桓譚（？）《新論·正經篇》中亦僅謂：

　　　　《連山》藏于蘭臺，《歸藏》藏于太卜。《易》，一曰《連山》，二曰《歸

　　　　藏》，三曰《周易》。《連山》八萬言，《歸藏》四千三百言。〔註60〕

桓氏咸未明言區別「三代之《易》」，故有學者據此以爲劉歆（？～23）、桓譚之時，確然无有杜子春、鄭玄所云「三代之易」說存在。〔註61〕孔穎達即稱：

　　　　杜子春云：「《連山》，伏犧。《歸藏》，黃帝。」鄭玄〈易贊〉及〈易

　　　　論〉云：「夏曰《連山》，殷曰《歸藏》，周曰《周易》。」鄭玄又釋云：

　　　　「《連山》者，象山之出雲，連連不絕；《歸藏》者，萬物莫不歸藏於

〔註57〕程二行、彭公璞謂：「杜子春受業于劉歆，故用劉氏『三統三辰』之意說《周禮》『三《易》』、『三兆』之名。是三代《易》說」的始作俑者，實爲杜子春。」（參閱程二行、彭公璞：〈《歸藏》非殷人之《易》考〉，《中國哲學史》2004年第2期，頁101。）

〔註58〕《漢書·藝文志》〈六藝畧〉著錄：「《易》經十二篇，施、孟、梁丘三家。……凡《易》十三家二百九十四篇。」（〔東漢〕班固撰：〈藝文志第十〉，《漢書》，卷30，頁432。）〈術數畧〉著錄：「……、《蓍書》二十八卷、《周易》三十八卷、《周易明堂》二十六卷、《周易隨曲射匿》五十卷、《大筮衍《易》》二十八卷、《大次雜《易》三十卷》、……右蓍龜十五家四百一卷。」（〔東漢〕班固撰：〈藝文志第十〉，《漢書》，收入《25史》（臺北：臺灣開明書局，1934年），卷30，頁437。）按：於〈六藝畧〉、〈術數畧〉均無《連山》、《歸藏》二書之著錄。

〔註59〕參閱〔清〕朱彝尊原著：〈《易》一·《連山》〉，《經義考》，見許維萍等點校，林慶彰先生等編審：《點校補正經義考》（臺北：中央研究院中國文哲研究所，2004年），頁27。

〔註60〕〔東漢〕桓譚撰，〔清〕孫馮翼輯注：〈正經篇〉，《新論》（臺北：臺灣中華書局，1966年據問經堂輯本校刊），葉15、葉23。

〔註61〕程二行、彭公璞謂：「劉氏《七略》不別《連山》《歸藏》，統稱爲《周易》，足證劉歆、桓譚之時，未有夏、商、周三代之《易》的說法。」（參閱程二行、彭公璞：〈《歸藏》非殷人之《易》考〉，《中國哲學史》2004年第2期，頁101。）

其中；《周易》者，言易道周普，无所不備。」鄭玄雖有此釋，更无
所據之文。先儒因此遂爲文質之義，皆煩而无用，今所不取。〔註62〕

孔氏言鄭玄所釋三《易》之說，皆無所據，乃屬文藻語辭之類，咸繁无用，
不爲先儒所采。孔氏更云：「《歸藏》乃僞妄之書」〔註63〕，故此歷來幾視二
《易》乃屬僞書乙類，是以張心澂（1887～1973）且謂：

《隋書・經籍志》曰：《歸藏》漢初已亡。按晉《中經》有之。唯載
卜筮，不類聖人之旨。〔註64〕

張氏稱《歸藏》於漢初已亡，晉《中經》雖有，僅載卜筮之言，不類聖人之
旨。今人余永梁先生，甚且極言：

《歸藏》，《漢書・藝文志》無著錄，至晉《中經》、《隋志》、《唐志》
始有其名。現所謂《歸藏》，亦僞中之僞。〔註65〕

余氏稱《歸藏》乃僞中之僞。然孔穎達疏解《雜卦》時則謂：

此者聖人之興，因時而作，隨其時宜，不必皆相因襲，當有損益之
意也。故《歸藏》名卦之次，亦多異於時。〔註66〕

觀之所言，則又肯定《歸藏》名「卦次」之所以多異於《周易》之因，孔氏
稱其「僞妄」之書，卻反肯定「卦次之序」，前後之語眞乃莫名。

〔明〕楊愼（1488～1559）爲此二《易》曾言：

《連山》藏于蘭臺，《歸藏》藏于太卜，此語見于桓譚《新論》，則
後漢時《連山》、《歸藏》猶存，不可以〈藝文志〉不列其目而疑之。

〔註67〕

〔註62〕 參閱十三經注疏本〈論三代《易》名〉，《周易正義》（北京：北京大學出版社，
2000 年），卷首，頁 9。

〔註63〕 參閱十三經注疏本《春秋左傳正義》（北京：北京大學出版社，2000 年），卷
30，頁 997。

〔註64〕 參閱張心澂著：《僞書通考・經部・易類》，收入嚴靈峯編輯：《無求備齋易經
集成》（臺北：成文出版社，1976 年），第 192 冊，頁 4。

〔註65〕 參閱：余永梁：《《易》卦爻辭的時代及其作者〉，收入黃壽祺、張善文：《周
易研究論文集》（北京：北京師範大學出版社，1987 年），第 1 輯，頁 175。

〔註66〕 參閱十三經注疏本〈雜卦第十一〉，《周易正義》，卷第 9，頁 399。

〔註67〕 參閱〔明〕楊愼：《〈連山〉〈歸藏〉》，《升菴全集》，見王雲五主篇《國學基本
叢書》（臺北：臺灣商務印書館，1968 年），卷 41，頁 385。

楊愼以爲桓譚既言及，則後漢之時二《易》尙存，不能以〈漢志〉无列其目而疑之。高明先生亦云：

> 今按《周禮》以《連山》、《歸藏》與《周易》并舉，稱爲三《易》，
> 且同掌于太卜之官，則周時《連山》、《歸藏》與《周易》并行可知。
> 是《連山》《歸藏》最遲亦應爲周時書。若繹《周禮》之文：「一曰
> 《連山》，二曰《歸藏》，三曰《周易》」，《周易》于次最後，則《連
> 山》、《歸藏》之時代，或當先于《周易》。〔註68〕

高明稱二《易》至遲應爲周時之書，且依《周禮》之言順序，二《易》時代當先于《周易》。李零先生且謂：

> 《漢書・藝文志・六藝略》易略雖无《連山》、《歸藏》之名，但僅憑
> 書名，不能斷定必无其書，且〈術數略〉筮龜類有《大筮衍義》二十
> 八卷和《大次雜易》三十卷，亦屬談《易》之書，或收之。〔註69〕

李零亦言〈六藝略〉雖无二《易》之名，唯僅憑有否「書名」乙事，尙不能據以斷定必無此書，或恐收于「筮龜類」相關《易》書之中，抑有未定。

　　若此，仍視二《易》曾存者，尙所在多有，更況今有學者，咸依出土材料之考據，至少已證今傳《歸藏易》者絕非僞書，是以，毋論杜子春抑鄭玄其時，有否「三代之《易》」說法？或諸家爭辨二《易》之僞妄如何？皆已无能依舊持續否定《連山》、《歸藏》二《易》確曾存在之事實。

　　1993 年 3 月湖北省江陵縣王家臺 15 號秦墓出土一批竹簡，並於 1995 年發表發掘報告。〔註70〕今大陸學者對其中，有關「《易》占」殘簡之研究，成果極爲豐碩，發表甚多研究論文，且均已證實，今傳本《歸藏》確有其書並非僞妄，更且證實該出土之秦簡《易》占，即爲失傳之《歸藏》或《歸藏・鄭母經》。〔註71〕

〔註68〕參閱高明：《《連山》《歸藏》考》，收入黃壽祺、張善文：《周易研究論文集》
　　　　（北京：北京師範大學出版社，1987 年），第 1 輯，頁 114～115。

〔註69〕參閱李零著：〈數術叢談・跳出《周易》看《周易》〉，《中國方術續考》（北京：
　　　　中華書局，2007 年），頁 316。

〔註70〕請參閱荊州市博物館：〈王家臺 15 號秦墓〉，《文物》1995 年第 1 期，頁 37～
　　　　43。

〔註71〕參閱王寧：〈秦墓《易》占與《歸藏》之關係〉，《考古與文物》2000 年 1 期，

廖名春先生爲此猶言：

因此，秦簡《易》占不僅是《歸藏》，更准確一點，應當是《歸藏》

易的〈鄭母經〉。〔註72〕

廖名春先生即稱秦簡《易》占應爲〈鄭母經〉。林忠軍先生亦撰文指出：

出土的秦簡《易》占爲《歸藏》；漢初《歸藏》未遺失；漢晉人所見

到的《歸藏》不是僞書。這就爲幾千年《易》學界關于《歸藏》眞

僞爭訟作了結案。〔註73〕

林忠軍先生則謂秦簡《易》占爲《歸藏》，漢初《歸藏》未遺失且非僞書。因

其出土，更爲幾千年《歸藏》眞僞之爭作出結案。

王明欽先生亦言：

通過上述簡文與古書引文的對比，可以説，王家臺秦簡《易》占類，

應該就是久已失傳的《歸藏》，同時，也足以證明，古書中論及《歸藏》

以及引用《歸藏》語句絕非子虛烏有，而是有相當充足的依據。〔註74〕

王先生猶稱王家臺秦簡《易》占，應爲久已失傳之《歸藏易》，因其出現，亦

證明古書論及《歸藏》與相關之引用，均有充份之緣由依據，絕非空穴來風。

于豪亮先生且云：

我們認爲《歸藏》不是僞書，因爲〈咸〉卦又名〈欽〉卦，不見于

已知的各家《周易》，只見于帛書和《歸藏》，這説明《歸藏》同帛

書《周易》有一定的關係，而帛書《周易》漢初已不傳，所以《歸

藏》成書，絕不晚于戰國，并不是漢以後的人所能僞造的。〔註75〕

由於〈咸〉卦䷞又名「〈欽〉卦」，於已知眾家《易》書不見此說，僅於《歸

頁 55。

〔註72〕 參閱廖名春：〈王家臺秦簡《歸藏》管窺〉，《周易研究》2001 年第 2 期，頁
15。

〔註73〕 參閱林忠軍先生：〈王家臺秦簡《歸藏》出土的《易》學價值〉，《周易研究》
2001 年第 2 期，頁 5。

〔註74〕 參閱王明欽先生：〈試論《歸藏》的幾個問題〉，收入古方編：《一劍集》（北
京：中國婦女出版社，1996 年），頁 102～103。

〔註75〕 參閱于豪亮：〈帛書《周易》〉，收入黃壽祺、張善文：《周易研究論文集》（北
京：北京師範大學出版社，1987 年），第 1 輯，頁 615。

藏》、《帛書》之中出現。故于先生以爲，《歸藏》與漢初即已不傳之帛書《周易》，彼此必有相當之關聯，且《歸藏》之成書，絕不晚於戰國，非漢後之人所能僞造。

李零先生更稱：

> 現在《歸藏》佚文的可靠性已由王家臺秦簡的發現得到澄清，《連山》
> 疑僞，情況類似，恐怕也應重新考慮。〔註76〕

李零先生謂王家臺秦簡之出土，使《歸藏》佚文獲得證實。然《連山》稱僞與其相類，恐亦須重新檢討。

綜觀諸家考證所述，孔穎達《歸藏》「僞妄之說」已可推翻，相對於看待《連山易》之態度，吾人是否猶應有所思慮審省？

又如桓譚《新論》成書於東漢之初，〔註77〕惟已云：「《歸藏》藏于太卜」；《禮記·禮運》：「孔子曰：『我欲觀殷道，是故之宋，而不足徵也，吾得〈坤〉☷〈乾〉☰焉。』」〔註78〕鄭玄注之：「得殷陰陽之書也。其書存者有《歸藏》」〔註79〕，省審桓、鄭二語兩相比較。

桓譚《新論》早出鄭玄至少百年以上，依此推測鄭玄《禮記》所注之言，或恐確然皆曾目睹此書。鄭玄雖無陳述「三代之《易》」所由爲何，然韋昭、杜預稱引「《連山》、《歸藏》七、八爲占」之說，猶能洎《易緯乾鑿度》鄭玄注論得窺其原。

第二節　《易緯乾鑿度》非僞書之說考

《易緯乾鑿度》自來猶如《歸藏》般每每被視爲僞書〔註80〕，然四庫館

〔註76〕參閱李零著：〈數術叢談·跳出《周易》看《周易》〉，《中國方術續考》（北京：中華書局，2007年），頁316。

〔註77〕〔清〕孫馮翼於〈桓子新論序〉亦謂：「後漢桓譚，字君山，著書言當世行事，號曰《新論》。」（〔東漢〕桓譚撰，〔清〕孫馮翼輯注：〈桓子新論序〉，《新論》（臺北：臺灣中華書局，1966年據問經堂輯本校刊），葉1。）

〔註78〕參閱十三經注疏本〈禮運第九〉，《禮記注疏》（北京：北京大學出版社，2000年），卷第21，頁776。

〔註79〕同上註。

〔註80〕按：〔明〕胡應麟（1551～1602）曰：「《周易乾鑿度》二卷，又《乾坤鑿度》

臣則云：

> 說者，稱其書出於先秦，自《後漢書》南北朝諸《史》及唐人撰《五
> 經正義》、李鼎祚作《周易集解》徵引最多，皆於《易》旨有所發明，
> 較他緯獨爲醇正。至於太乙九宮四正四維，皆本於十五之說，乃宋
> 儒戴九履一之圖所由出，朱子取之，列于《本義》圖說。故程大昌
> 謂：「漢魏以降，言《易》學者，皆宗而用之，非後世所託爲，誠稽
> 古者所不可廢矣。」〔註81〕

〈提要〉謂《乾鑿度》一書，洎《後漢書》以降，諸書徵引所言甚多，較其
他緯書獨爲純正，〔南宋〕程大昌（1123～1195）更稱：「漢魏以降，言《易》、
《老》者，〔註82〕皆宗而用之，非後世所託爲，誠稽古者所不可廢。」孔穎
達〈論《易》之三名〉即引《乾鑿度》云：

> 夫有形者生於无形，則〈乾〉 ䷀、〈坤〉 ䷁安從而生？故有太易、
> 有太初、有太始、有太素。太易者，未見氣也。太初者，氣之始也。
> 太始者，形之始也。太素者，質之始也。氣、形、質具而未相離謂
> 之渾沌。渾沌者，言萬物相渾沌而未相離也。視之不見，聽之不聞，
> 循之不得，故曰《易》也。」〔註83〕

諷刺者，孔穎達所引，於《僞書通考》中，卻稱《乾鑿度》乃自《列子・天
瑞》一節所抄錄，并視《乾鑿度》「此特荒陋俚儒僞撰耳。」〔註84〕今觀〈天

二卷，今合爲一，實二書也。《乾坤鑿度》稱黃帝撰，而《乾鑿度》皆假孔子
爲言，其僞固無容辯說。」（詳參張心澂著：《僞書通考・經部・易類》，收入
嚴靈峯編輯：《無求備齋易經集成》（臺北：成文出版社，1976 年），第 192
冊，頁95。）

〔註81〕〔清〕永瑢等編修：〈周易乾鑿度二卷〉，《四庫全書總目・經部六・易類六》
（臺北：藝文印書館，1964 年），卷6，頁 164。

〔註82〕按：依乾隆三十八年四月版〈提要〉謂之「言《易》、《老》者」參閱〔東漢〕
鄭玄注：《易緯乾鑿度・提要》，收入嚴靈峯編輯《無求備齋易經集成》（臺北：
成文出版社，1976 年據〔清〕乾隆四十一年武英殿聚珍叢書本影印），第157
冊，頁2。

〔註83〕十三經注疏本〈論《易》之三名〉，《周易正義》（北京：北京大學出版社，2000
年），卷首，頁5。

〔註84〕張心澂著：《僞書通考・經部・易類》，收入嚴靈峯編輯：《無求備齋易經集成》
第 192 冊（臺北：成文出版社，1976 年），頁78。

瑞〉篇該節原文：

> 子列子曰：昔者聖人因陰陽以統天地。夫有形者生于無形，則天地
> 安從生？故曰：「有太易，有太初，有太始，有太素。」太易者，未
> 見氣也；太初者，氣之始也；太始者，形之始也；太素者，質之始
> 也。氣形質具而未相離，故曰渾淪。渾淪者，言萬物相渾淪而未相
> 離也。視之不見，聽之不聞，循之不得，故曰《易》也。《易》無形
> 埒，《易》變而為一，一變而為七，七變而為九。九變者，究也，乃
> 復變而為一，一者，形變之始也。清輕者上為天，濁重者下為地，
> 沖和氣者為人，故天地含精，萬物化生。〔註85〕

比較《易緯乾鑿度》之文如下：

> 昔者聖人因陰陽定消息立乾☰、坤☷以統天地也。夫有形生於无
> 形，乾☰、坤☷安從生？故曰：「有太易，有太初，有太始，有太
> 素也。」太易者，未見氣也；太初者，氣之始也；太始者，形之始也；
> 太素者，質之始也。氣、形、質具而未離，故曰渾淪。渾淪者，言萬
> 物相渾成而未相離，視之不見，聽之不聞，循之不得，故曰《易》也。
> 《易》无形畔，《易》變而為一，一變而為七，七變而為九，九者氣
> 變之究也，乃復變而為一，一者，形變之始，清輕者上為天，濁重者
> 下為地，物有始、有壯、有究，故三畫而成乾☰，乾☰、坤☷相
> 並俱生，物有陰、陽因而重之，故六畫而成卦。〔註86〕

《易緯乾鑿度》另有相埒之文，〔註87〕其中「昔者聖人」乃稱「文王」〔註88〕；
「形畔」謂之「形埒」〔註89〕，此與〈天瑞〉字句相同，然「形畔」、「形埒」
二者於此，其義不殊。

〔註85〕 參閱〔周〕列禦寇撰，〔後魏〕張湛注：〈天瑞〉，《列子》（臺北：臺灣中華書
　　　　局，1966 年據明世德本校刊），葉 3〜葉 4。
〔註86〕 參閱〔東漢〕鄭玄注：《易緯乾鑿度》，收入嚴靈峯編輯《無求備齋易經集成》
　　　　（臺北：成文出版社，1976 年據〔清〕乾隆二十一年雅雨堂刊本影印），第
　　　　157 冊，卷上，頁 10〜11。
〔註87〕 同上註，卷下，頁 28〜頁 31。
〔註88〕 同上註，卷下，頁 28。
〔註89〕 同上註，卷下，頁 29。

　　觀〈天瑞〉、《乾鑿度》文句，堪稱差異者，僅於《易緯乾鑿度》有言：「定消息立乾☰、坤☷」，〈天瑞〉則無；《乾鑿度》謂：「乾☰、坤☷安從生」，〈天瑞〉猶曰：「天地安從生」；《乾鑿度》稱：「九者氣變之究也」，〈天瑞〉云：「九變者，究也」；惟兩者較大之不同在於結尾字句，《乾鑿度》謂之：「物有始、有壯、有究，故三畫而成乾☰，乾☰、坤☷相並俱生，物有陰、陽因而重之，故六畫而成卦。」然〈天瑞〉言：「沖和氣者爲人，故天地含精，萬物化生。」縱觀而論，二者文句大致可稱相比，甚少小有差異者。

　　據《舊唐書》所紀：

> （開元）二十九年春正月丁丑，制兩京諸州各置「玄元皇帝廟」并崇玄學置生徒，令習《老子》、《莊子》、《列子》、《文中子》，每年准明經例考試。〔註90〕……（天寶元年）二月丁亥，上加尊號爲開元天寶聖文神武皇帝。……（二月）丙申，莊子號爲南華眞人，文子號爲通玄眞人，列子號爲沖虛眞人，庚桑子號爲洞虛眞人，其四子所著書改爲眞經。崇玄學置博士、助教各一員，學生一百人。〔註91〕

《舊唐書》記載稱，至〔唐〕開元年間，猶崇「玄學」，《列子》乙書且同《老子》、《莊子》、《文中子》定爲每年試舉之科目，至天寶元年二月，列禦寇封號「沖虛眞人」，《列子》改稱：《沖虛眞經》，且置玄學博士。《唐會要》亦云：

> 天寶元年二月二十二日，勅文追贈莊子南華眞人，所著書爲《南華眞經》。文子、列子、庚桑子宜令中書門下更討論奏聞。至其年三月十九日，宰臣李林甫等奏曰：莊子既號「南華眞人」，文子請號「通玄眞人」，列子號「沖虛眞人」，庚桑子號「洞虛眞人」，其《莊子》、《文子》、《列子》、《庚桑子》，並望隨號稱從之。〔註92〕……天寶元年五月，宰臣奏兩京及諸郡崇玄學生等，准開元二年正月二十五日

〔註90〕參閱〔後晉〕劉昫撰：〈本紀第九·玄宗下〉，《舊唐書》（臺北：臺灣中華書局 1971 年據武英殿本校刊），卷9，葉4。

〔註91〕同上註。

〔註92〕參閱：〔北宋〕王溥撰：〈尊崇道教〉，《唐會要》，收入景印《文淵閣四庫全書·史部 364·政書類》（臺北：臺灣商務印書館，1984 年），第 606 冊，卷 50，頁 646。

制前件舉人合習《道德》、《南華》、《通玄》、《沖虛》四經。又准天
寶元年二月二十九日制改庚桑子爲《洞玄眞經》，准請條補崇玄學生
亦合習。〔註93〕

故此可知，今本《列子》列入道家重要典籍，乃肇洎〔唐〕開元之時，復於
天寶元年，始封列禦寇號「沖虛眞人」，《列子》乙書方名《沖虛眞經》且置
博士。然歷來證西晉後《列子》即亡者，猶頗多論述，諸如〔清〕姚鼐（1731
～1815）曾云：

自晉南渡，古書多亡缺，或輒以意附益。《列子》出於張湛，安知非
湛有矯入者乎？吾謂劉向所校《列子》八篇，非盡如今之八篇也。

〔註94〕

姚鼐稱西晉南渡，古書多佚，常有擅意增附者。《列子》出於張湛，安知非張
氏假託加入？姚氏以爲劉向所校《列子》八篇已非今傳之八篇。梁啓超（1873
～1929）則言：

有一種書完全是假的，其毛病更大。學術源流都給弄亂了。譬如《列
子》乃〔東晉〕時張湛——即列子注的作者——採集道家之言湊合
而成。眞《列子》有八篇，《漢書‧藝文志》尚存其目，後佚。張湛
依八篇之目假造成書，並載劉向一〈序〉。〔註95〕

梁啓超稱今本《列子》乃〔東晉〕張湛摭拾道家之言拼湊而成。近人楊伯峻
先生（1909～1992）更謂：

《漢書‧藝文志》著錄《列子》八篇，那是經過劉向、劉歆父子整
理的，已不知在什麼時候散失了。今天流傳的《列子》八篇，肯定
不是班固所著錄的原書。〔註96〕

〔註93〕參閱：〔北宋〕王溥撰：〈尊崇道教〉，《唐會要》，收入景印《文淵閣四庫全書‧
　　　　史部364‧政書類》（臺北：臺灣商務印書館，1984年），第606冊，卷50，
　　　　頁635。

〔註94〕參閱〔清〕姚鼐撰：〈跋列子〉，《惜抱軒文後集》，收入《惜抱軒全集》（臺北：
　　　　臺灣中華書局，1966年），卷2，葉2。

〔註95〕參閱梁啓超撰：〈古書眞僞及其年代〉，《中國歷史研究法五種》（臺北：里仁
　　　　書局，1982年），頁399。

〔註96〕參閱楊伯峻先生撰：〈前言〉，《列子集釋》，收入嚴靈峯編輯：《無求備齋老列
　　　　莊三子集成補編》（臺北：成文出版社，1982年據民國69年北平中華書局增

楊氏更稱《漢書・藝文志》著錄《列子》八篇不知何時亡佚。今傳本肯定非班固所載之原書。是以，原本《列子》八卷早佚，〔唐〕開元、天寶所傳，乃至現存者，爲東晉人張湛（？）所輯錄增補，此自今本〈列子序〉中亦可見端倪：

> 湛聞之先父曰：「吾先君與劉正輿、傅穎根皆王氏之甥也。竝少游外家舅始周，始周從兄正宗、輔嗣皆好集文籍，先并得仲宣家書幾將萬卷。傅氏亦學門，三君總角競錄奇書，及長遭『永嘉之亂』與穎根同避難，南行車重各稱力，竝有所載，而寇虜彌盛，前途尚遠，張謂傅曰：『今將不能盡全所載，且共料，　世所希有者，各各保錄，令無遺棄。』穎根於是唯賷其祖玄、父咸『子集』，先君所錄書中有《列子》八篇，及至江南僅有存者，《列子》唯餘〈楊朱〉、〈說符〉、〈目錄〉三卷。比亂，正輿爲揚州刺史，先來過江，復在其家得四卷，尋從輔嗣女壻趙季子家得六卷，參校有無，始得全備其書。」……莊子、慎到、韓非、尸子、淮南子，玄示旨歸，多稱其言，遂注之云爾。〔註97〕

據張湛〈序〉中所言，其祖爲避「永嘉之亂」原有《列子》僅剩三卷，後由劉正輿、趙季子家復得十卷，經參校始得備全書。因《莊子》、慎到、韓非、《尸子》、《淮南子》均引錄其說，多稱其言，張湛遂加注釋。

楊伯峻先生由此謂之：

> 據張湛在〈序〉中說，他所注釋的《列子》，由他祖父在東晉初從外舅王宏、王弼等人家裏發現，經過拼合、整理、校勘，「始得齊備」。

〔註98〕

若然，反觀程大昌所云：「漢魏以降，言《易》、《老》者，皆宗而用之」一語，則極可能《列子・天瑞》反自《易緯乾鑿度》抄錄而來，〔明〕宋濂（1310～

訂排印本影印），頁 6。
〔註97〕參閱〔周〕列禦寇撰，〔後魏〕張湛注：〈列子序〉，《列子》（臺北：臺灣中華書局，1966 年據明世德本校刊），葉 1。
〔註98〕楊伯峻先生撰：〈前言〉，《列子集釋》，收入嚴靈峯編輯：《無求備齋老列莊三子集成補編》（臺北：成文出版社，1982 年據民國 69 年北平中華書局增訂排印本影印），頁 6～7。

1381）嘗言：

> 書本黃、老言，決非禦寇所自著，必後人會萃而成者。中載孔穿、
> 魏公子牟及西方聖人之事，皆出禦寇後。〈天瑞〉、〈黃帝〉二篇雖多
> 設辭，而其「離形去智，泊然虛無，飄然與大化游，」實道家之要
> 言。〔註99〕

宋濂稱《列子》書中紀載孔穿、魏公子牟及西方聖人諸事，均在禦寇之後發
生，且《列子》所言本即黃、老，決非列禦寇所自著，必爲後人會萃著成。
更稱〈天瑞〉、〈黃帝〉二篇諸多設辭，實爲道家要言。

　　據此以判，莫非張湛附益矯入之時，亦已一併載入「黃、老」所引《乾
鑿度》之言？若此豈非《列子》反抄襲《乾鑿度》？故而又何以可稱《乾鑿
度》乃抄錄《沖虛經》而來？

　　《列子》洎〔唐〕柳宗元（773～819）以降，歷代咸有辯其乃晉人甚或
張湛本人所僞作者。柳宗元曾疑曰：

> 劉向古稱博極羣書，然其錄《列子》獨曰：「鄭繆公」，時人繆公在
> 孔子前幾百歲。《列子》書言鄭國，皆云子產、鄧析，不知向何以言
> 之如此？《史記》鄭繻公二十四年，楚悼王四年圍鄭，鄭殺其相駟
> 子陽，子陽正與列子同時；是歲，周安王三年、秦惠王、韓列侯、
> 趙武侯二年、魏文侯二十七年、燕釐公五年、齊康公七年、宋悼公
> 六年、魯繆公十年，不知向言魯繆公時，遂誤爲鄭邪？不然何乖錯
> 至如是？其後張湛徒，知怪《列子》書言：「繆公後事，亦不能推知
> 其時。」然其書亦多增竄，非其實，要之莊周爲放依其辭，其稱夏
> 棘、狙公、紀消子、季咸等皆出《列子》不可盡紀。雖不躓於孔子
> 道，然其虛泊廖闊，居亂世遠於利，禍不得逮乎身，而其心不窮，《易》
> 之遁世無悶者，其近是歟！余故取焉。其文辭類《莊子》而尤質厚
> 少爲作，好文者可廢邪？其〈楊朱〉、〈力命〉疑其楊子書，其言魏
> 牟、孔穿皆出列子後，不可信，然觀其辭，亦足通知古之多異術也。

〔註99〕參閱〔明〕宋濂著《諸子辨》，收入《古書辨僞四種》，見王雲五主編《國學
　　　　基本叢書》（臺北：臺灣商務印書館 1968 年），頁 9。

讀焉者，慎取之而已矣。〔註100〕

柳宗元質疑：「劉向博覽羣書，然於〈列子書錄〉言：『列子者鄭人也，與鄭
繆（音穆）公同時。』〔註101〕惟鄭繆公（649～606B.C.）早孔子（551～479B.C.）
幾近百歲，列子（？，戰國早期鄭國圃田人）且晚出孔子幾十甚百，其何能
與鄭穆公同時？更且《列子》書中所言鄭國之事，咸云子產（？～522B.C.）、
鄧析（545～501B.C.），惟二者幾與孔子同時，皆出鄭繆公之後，三者時空如
何同處？」

柳氏推測，魯繆公十年鄭國殺駟子陽，子陽與列子同時，其年乃鄭繻公
二十四年，亦即楚悼王四年（398B.C.）之際，或恐劉向誤植魯繆公為鄭繆公，
是以出現時空錯亂情事。此點，柳宗元僅云劉向之誤，而未言《列子》為偽，
然柳氏所言之重點在於《列子》其書諸多增竄且非其實之事，更云「總之莊
周為仿效其辭，所稱夏棘、狙公、紀渻子、季咸之事咸出《列子》之說法，
不可盡信。」且稱魏牟、孔穿二人皆出列子之後，故所說「不可信」。

柳氏雖未言《列子》乃晉人或張湛偽作，惟於後猶強調「讀焉者，慎取
之」以為訓戒，然其仍為歷代以降最早提出《列子》疑點之人，洎此而後論
偽疑者，則輩有人出。

管宗昌先生為此即云：

「偽書說」從唐代柳宗元〈辯列子〉發端。而實際柳氏也并未斷言
《列子》為偽，只是對其中幾點略有疑問。但是柳宗元的質疑卻引
來了後代不少極端化的呼應。〔註102〕

張心澂猶將《列子》逕歸「偽書」一類。〔註103〕〔清〕錢大昕（1728～1804）
且謂：

〔註100〕參閱〔唐〕柳宗元撰，〔明〕蔣之翹輯注：〈辯列子〉，《柳河東全集》（臺北：
臺灣中華書局，1970 年據三徑藏書本校刊），卷 4，葉 5～6。

〔註101〕參閱〔周〕列禦寇撰，〔後魏〕張湛注，〔唐〕殷敬順釋文：〈列子目錄〉，《列
子》（臺北：臺灣中華書局，1966 年據明世德本校刊），葉 1。

〔註102〕參閱管宗昌先生：〈《列子》偽書說述評〉，《古籍整理研究學刊》第 5 期（2006
年 9 月），頁 11。

〔註103〕參閱張心澂編著：〈子部·道家〉，《偽書通考》（臺北：明倫出版社，1970 年），
頁 699。

　　《列子‧天瑞篇》：「林類曰：死之與生，一往一反，故死於是者，
　　安知不生於彼。」釋氏輪迴之說，蓋出於此。《列子》書晉時始行，
　　恐即晉人依託。〔註104〕

近人馬敘倫（1885～1970）則言：

　　〈天瑞篇〉「有太易、有太始、有素」一章，湛曰：「全是《周易乾
　　鑿度》。」《乾鑿度》出於戰國之際，列子何緣得知？且《老》、《莊》
　　言義，並與《易》通，然其敷辭，俱不及《易》，斯則晉世《易》、《老》
　　並在玄科，作偽之徒，緣以纂入耳。〔註105〕

馬氏於此即言，《乾鑿度》出於戰國之際，列禦寇爲戰國早期之人何緣得知？
魏晉之際，《易》、《老》并於道教，作偽之徒緣以纂入罷了。馬氏又謂：

　　〈天瑞篇〉曰：「列姑射山在海河洲中，山上有神人焉。」按：《莊
　　子‧逍遙遊篇》曰：「言藐姑射之山有神人居焉」，不云在海河洲
　　中，此乃襲《山海經‧海內北經》文也。彼文郭璞注曰：「《莊子》
　　所謂藐姑射之山也」使《列子》非出偽作，郭何爲不引此以注乎？

　　〔註106〕

馬敘倫又稱〈天瑞篇〉中「列姑射山」云云，乃抄襲自《山海經‧海內北經》，
郭璞之注說。馬氏質言郭璞於該注稱引《莊子》而不曰《列子》，倘《列子》
果有，其既早出《莊子》何以郭璞不援引注之？季羨林先生（1911～2009）亦
曾爲《列子》論證「一個假設」，其云：

　　《列子》這部書是徹頭徹尾一部偽書，劉向的《敍錄》，《列子》本
　　文，《列子‧序》和《列子》注都出于張湛一人之手，都是他一個人
　　包辦的。我希望將來能夠找到更多的材料證成這一個假設。〔註107〕

〔註104〕〔清〕錢大昕撰：〈釋氏輪迴之說〉，《十駕齋養新錄》（臺北：臺灣中華書局，
　　　　　1966年據潛研堂本校刊），卷18，葉13。
〔註105〕馬敘倫著：〈列子偽書考〉，收入顧頡剛著：《中國古史研究》（臺北：光復書
　　　　　局，1985年），第4冊，頁524。
〔註106〕同上註，頁528。
〔註107〕參閱季羨林著：《《列子》與佛典》，《中國文化與東方文化》，收入季羨林主編
　　　　　《季羨林文集》（江西：江西教育出版社，2008年），卷6，頁51。

顧實（1878～1956）則稱：

> 據張湛〈序〉文，則此書原出湛手，其即爲湛託無疑。晉太康中，「汲
> 冢書」始出，而〈周穆王〉篇即取《穆天子傳》，尤足爲明證。〔註108〕

《穆天子傳》於西晉太康年間隨「汲冢書」出土，其成書約於戰國之際，然《列
子・周穆王》篇中卻已引用，是以顧實據此以斷《列子》爲張湛僞託無疑。

惟另有持客觀說法者，以爲《列子》乃前於張湛之人所僞，如楊伯峻先
生（1909～1992）即謂：

> 但過去許多學者，卻從反面看問題，認爲張湛〈序〉是欲蓋彌彰，
> 作僞者就是張湛本人。我則同意另一部份人意見，以爲此書雖屬僞
> 書，而作僞者不是張湛。如果是張湛自作自注，那就應該和王肅僞
> 作《孔子家語》又自作注解一樣，沒有不解和誤解的地方。現在張
> 湛注《列子》，有的地方說「未詳其義」，有的簡直注釋錯了。還有
> 糾正正文之處，如〈力命篇〉說子產殺鄧析，張注便據《左傳》糾
> 正它。還有批評正文處，如〈楊朱篇〉譏刺伯夷和展禽，張注便說
> 它是「此誣賢負實之言」，由此也可見張湛思想和僞作〈列子〉者
> 有所不同。此書僞作於張湛以前，張湛或者也是上當受騙者之
> 一。……至於它所「聚斂」的原始材料，除了馬氏所列舉之外，還
> 有一些當時所能看到而今已亡佚的古籍，例如《湯問》、《說符》的
> 某些章節，既不見於今日所傳先秦兩漢之書，也不是魏晉人思想的
> 反映，而且還經魏晉人文辭中用爲典故，所以只能說作僞《列子》
> 者，襲用了別的古書的某些段落。至於所謂「附益晚說」，比較明
> 顯的例子是〈周穆王篇〉第一章，那是在汲冢書《穆天子傳》被發
> 現後寫出的；〈力命〉、《楊朱》兩篇更是晉人思想和言行的反映。
> 也許作僞者自己感到需要彌縫，所以在那篇僞造的劉向〈列子新書
> 目錄〉中加以掩飾地說：「至于〈力命篇〉，一推分命；〈楊子〉之
> 篇，唯貴放逸。二義乖背，不似一家之書。」在我們知道〈列子〉

〔註108〕 參閱顧實著：〈雜類〉，《重考古今僞書考》（上海：上海大東書局，1928 年），
卷 4，頁 6。

是贗品之後，這幾句話就頗有「此地無銀」的味道了。〔註109〕
楊伯峻先生以持平之論，分析《列子》一書應非張湛所僞。其質疑果張湛作
僞，又何以反駁校正己僞之說？故稱張湛恐亦受作僞《列子》者所欺矇。

然亦有持相反看法，認爲今本《列子》乃戰國時代著作，如許抗生先生
即言：

> 從總體思想上說，現存《列子》主要反映的是戰國時代的思想；從
> 具體地方考察古代文獻上來說，先秦與兩漢不少典籍引用了現存《列
> 子》的文句，以此現存《列子》仍應是戰國時代的著作，但在許多
> 地方經過了後人的增改。〔註110〕

嚴靈峯先生則謂：

> 《列子・周穆王篇》所引之文並非出自太康二年汲塚出土之《穆
> 傳》，必據別出之古本。……《穆天子傳》雖在晉太康二年出土，
> 但其成書應在魏安釐王二十五年（252B.C.）之前……穆王卒於西
> 元前九百四十一年，列子與鄭繻公同時，其生存年代，當在西元
> 前三百三十九年之前，其書當成於戰國三家分晉之後，編撰《列
> 子》書者之採集《穆天子傳》中文字，亦屬自然之事，不足爲怪。
>
> 〔註111〕

嚴靈峯先生稱於西晉太康二年出土之《穆天子傳》，其成書應在（汲塚墓主）
魏安釐王二十五年（252B.C.）之前，然周穆王卒於西元前九百四十一年
（941B.C.），列子與鄭繻公同時，生存年代當於西元前三百三十九年
（339B.C.）之前，而《穆天子傳》實際成書應於三家分晉（376B.C.）之後，
故撰寫《列子》者所采集《穆天子傳》資料，不出自「汲塚書」而另據別出

〔註109〕 參閱楊伯峻先生撰：〈前言〉，《列子集釋》，收入嚴靈峯編輯：《無求備齋老列
　　　　 莊三子集成補編》（臺北：成文出版社，1982 年據民國 69 年北平中華書局增
　　　　 訂排印本影印），頁 7〜8。
〔註110〕 參閱許抗生：〈《列子》考辨〉，見陳鼓應先生主編：《道家文化研究》（臺北：
　　　　 文史哲出版社，2000 年），第 1 輯，頁 344。
〔註111〕 參閱嚴靈峯先生撰：《列子辯誣及其中心思想》（臺北：文史哲出版社，1994
　　　　 年），頁 106〜107。

古本亦不足奇。

是以，《列子》到底是否「偽書」？迄今猶然爭執不休，未有定論。楊伯峻先生認爲：「《列子》是部偽書，這已經爲一般學者所肯定；它是一部魏晉時代的偽書，也已經爲大多數學者所肯定。」〔註112〕然許抗生先生則以爲：「《列子》的眞偽問題成爲了歷史上懸而未決的一大公案，直至今日仍然沒有得到學術界的一致看法。」〔註113〕無獨有偶者如《易緯乾鑿度》，亦有學者考證其非偽書之事實，顧實即爲之一，其謂：

> 《聚珍板叢書》、《古經解彙函》，《易》緯不止《乾鑿度》一書也。《乾坤鑿度》乃後出偽書，不與《乾鑿度》同，清《四庫》已言之。……最爲持平之言，隋焚禁民間之緯，而經師朝廷不禁稱引。晁氏謂宋人偽作，殊爲失考，且漢〈譙敏碑〉稱：「其先故國師譙贛深明典奧識錄圖緯」，是《易》緯與焦氏、京氏兩家《易》兩近。而《乾鑿度》、《通卦驗》兩書，並依附《繫辭》策數及說卦方位爲說，當作於漢武、宣以後，亦今文博士之遺說，兼有鄭玄注，俱未可蔑視也。〔註114〕

顧實考證《乾鑿度》早出《乾坤鑿度》，後者乃後出之偽書，且舉「四庫」已言爲證，又舉漢〈譙敏碑〉之述，說明《易緯》之書與焦延壽（？）、京房（77～37B.C.）二氏《易》學相近，且推定《乾鑿度》、《通卦驗》成書當於漢武、宣帝之後，屬今文博士之遺說，更有鄭玄之注述，實爲不可輕蔑之書。

雖說，顧實考據與馬敍倫持論：「《乾鑿度》出於戰國」〔註115〕之說有所出入，二者孰是孰非尚待討論，惟《乾鑿度》乃《易緯》之文屬緯書一類，歷來則將緯書與圖讖合稱「讖緯」，《乾鑿度》同然不殊，无有爭議。丁鼎、

〔註112〕參閱楊伯峻先生撰：〈附錄三辨偽文字輯略〉，《列子集釋》，收入嚴靈峯編輯：《無求備齋老列莊三子集成補編》（臺北：成文出版社，1982 年據民國 69 年北平中華書局增訂排印本影印），頁 343。

〔註113〕參閱許抗生：〈《列子》考辨〉，見陳鼓應先生主編：《道家文化研究》（臺北：文史哲出版社，2000 年），第 1 輯，頁 344。

〔註114〕參閱顧實著：〈易類〉，《重考古今偽書考》（上海：上海大東書局，1928 年），卷 1，頁 6～7。

〔註115〕馬敍倫〈列子偽書考〉四事條，謂：「《乾鑿度》出於戰國之際，列子何緣得知？」（參閱馬敍倫著：〈列子偽書考〉，收入顧頡剛著：《中國古史研究》（臺北：光復書局，1985 年），第 4 冊，頁 524。〉

薛立芳爲此曾作解釋：

> 「讖」本是假托神意兆示人間吉凶的預言；而「緯」則是相對于《經》
> 而言的，是指漢代方士的儒生與儒學化的方士以神學迷信觀念闡釋
> 儒家經典的著作。由于「讖」與「緯」曾一度在兩漢時期合流，并
> 形成盛極一時的「讖緯」思潮，因而古人往往將緯書稱爲「讖緯」，
> 或單稱「讖」。於是後世人們也多將「讖」與「緯」相提並論，甚至
> 有人認爲「讖」與「緯」名異實同。〔註116〕

鐘肇鵬先生亦言：「讖與緯只是異名同實。」〔註117〕且謂：

> 讖與緯就其實質是沒有什麼區別的。只是就產生的歷史先後來說，
> 則讖先于緯。漢代神化儒學，方士化的儒生以讖附經，于是產生了
> 緯書。〔註118〕

丁鼎、薛立芳、鐘肇鵬三者，以爲「緯」、「讖」二者「名異實同」，且鐘氏更言因「儒生以讖附經」，是以產生「緯書」。然四庫館臣與三者看法迥異，另言：

> 儒者多稱「讖緯」，其實「讖」自「讖」，「緯」自「緯」，非一類也。
> 「讖」者，詭爲隱語，預決吉凶。《史記・秦本紀》稱「盧生奏錄圖
> 書之語，是其始也。」「緯」者，經之支流，衍及旁義。《史記・自
> 序》引《易》：「失之毫釐，差以千里」；《漢書・蓋寬饒傳》引《易》：
> 「五帝官天下，三王家天下。」注者均以爲《易緯》之文是也。蓋
> 秦漢以來，去聖日遠，儒者推闡論說，各自成書，與《經》原不相
> 比附，如伏生《尚書大傳》、董仲舒《春秋陰陽》，核其文體，即是
> 緯書，特以顯有主名，故不能託諸孔子其他私相撰述，漸雜以術數
> 之言，既不知作者爲誰，因附會以神其說，迨彌傳彌失，又士以妖

〔註116〕參閱丁鼎、薛立芳：〈試論「讖」與「緯」的區別〉，《上海師範大學學報》（哲學社會科學版）第33卷第2期（2004年3月），頁107。

〔註117〕參閱鐘肇鵬先生著：〈讖緯的起源和形成〉，《讖緯論略》（瀋陽：遼寧教育出版社，1995年），頁11。

〔註118〕同上註。

妄之詞，遂與「讖」合而為一。然班固稱「聖人作經，賢者緯之。」
楊侃稱「緯書之類，謂之秘經；圖讖之類，謂之內學；河洛之書，
謂之靈篇。」胡應麟亦謂「讖緯二書，雖相表裏而實不同。」則「緯」
與「讖」別，前人固已分析之，後人連類而譏，非其實也。右《乾
鑿度》等七書皆《易緯》之文與圖讖之熒惑民志，悖理傷教者不同。
〔註119〕

「讖」、「緯」二者依《總目》之義，力主分開各自討論，且舉伏生《尚書大
傳》、董仲舒《春秋陰陽》核其文體言之，即是「緯書」，後雜以術數方漸與
「讖」合而為一。然班固尚稱「聖人作經，賢者緯之。」〔北宋〕楊侃（965
～1038）且謂：「緯書屬『秘經』；圖讖謂之『內學』；河洛之書猶曰『靈篇』」。
〔明〕胡應麟（1551～1602）亦言：「『讖緯』二書，相為表裏，然實則不同。」

　　四庫館臣又謂：「後人連類而譏，非其實也」且云：「《乾鑿度》乃《易緯》
之文與『圖讖』熒惑民志悖理傷教者不相垺也。」然四庫館臣之說，未獲學
界一致認同，猶然各有所持。

　　楊權先生曾將「讖」、「緯」同論與否劃分為兩派，謂之：

> 從王鳴盛的《蛾術編》、俞正燮的《癸巳類稿》、姜忠奎的《緯史論
> 微》到顧頡剛的《秦漢的方士與儒生》、鐘肇鵬的《讖緯論略》，均
> 認為「緯」與「讖」名異而實同；而從胡應麟的《四部正訛》、孫瑴
> 的《古微書》、官修《四庫全書總目提要》、趙在翰的《七緯》、蔣清
> 翊的《緯學源流興廢考》、任道鎔的《緯捃考》到李學勤的《緯書集
> 成序》，均認為「緯自緯，讖自讖」，兩者並不相混。現代有更多的
> 學者認為「讖」和「緯」原本有別，後來因其所共有的神秘性而合
> 流了。〔註120〕

楊氏以為「讖」、「緯」，區分認定其為「名異而實同」之學派，另有「讖自讖，

〔註119〕參閱〔清〕永瑢，紀昀著：〈經部・易類六〉，《四庫全書總目提要》（臺北：
　　　　藝文印書館，1964年），卷6，頁166～167。
〔註120〕參閱楊權：〈讖緯研究述略〉，《中國史研究動態》2001年第6期，頁20。

緯自緯」分論之流派，且言：「現代有更多學者，以爲『讖』、『緯』原本有別，後因共有其神秘性而合流」之一派。

　　然「讖」、「緯」合不合論，自來學界蓋分兩派，惟當言其「成書起源」，則又往往逕呼：「『讖緯』起源于何時？」而致一概同論。馬敘倫曾引述清代諸家論「緯書」、《乾鑿度》各類不同起源之說法，其云：

　　　　胡渭謂：「緯書興於哀平之際，《乾鑿度》縱出其先，當在漢世」；惠

　　　　棟、汪繼培並謂：「先秦有之」；金鶚謂：「緯候創於孔氏，增於戰國，

　　　　盛於哀平」；又謂：「孟喜〈卦氣圖〉本於《易緯》。」〔註121〕

馬氏舉各家所言以比較己論「《乾鑿度》出於戰國」之說法，若然以觀，歷代各家《乾鑿度》成書之持論即有不同，更況於「讖緯」者？鐘肇鵬先生曾爲此予以分類統計而謂：

　　　　關于讖緯的起源，歷代以來，說法最爲分歧。今條別之，可分十二

　　　　類。（1）認爲讖緯原于古代「河圖」、「洛書」的，有劉勰、胡應麟、

　　　　孫瑴、蔣清翊等人。（2）認爲讖緯原出于《易經》的，這是胡寅、

　　　　胡玉縉、姜忠奎之說。（3）認爲讖緯原于古之太史的，這是俞正燮

　　　　之說。（4）認爲讖緯源于太古的，這是劉師培的說法。（5）認爲讖

　　　　緯起于周代的，任道鎔《緯捃敘》云：「緯學之立，實始周世，其後

　　　　由緯有候有圖，遂以有讖。」（6）認爲讖緯起源于春秋之世的，孫

　　　　瑴、顧炎武、全祖望、迮鶴壽等主之。（7）認爲讖緯原出于孔子。

　　　　這實際上是編造緯書者自己的說法，也是漢儒之說。（8）讖緯原出

　　　　于七十子之徒，這是錢大昕、王鳴盛、趙在翰、張惠言、李富孫等

　　　　之說。（9）認爲讖緯起于戰國之末的，這是胡渭〔註122〕、朱彝尊、

〔註121〕參閱馬敘倫著：〈列子僞書考〉，收入顧頡剛著：《中國古史研究》（臺北：光
　　　　復書局，1985 年），第 4 冊，頁 524。

〔註122〕按：鐘氏此引胡渭（1633～1714）之言，乃指「圖讖」而言，非馬敘倫之謂
　　　　「緯書」也。胡渭此論原文：「蓋圖讖之術，自戰國時已有之。漢武表章聖籍，
　　　　諸不在六藝之科者皆不得進，及其衰也，哀平之際，緯候繁興顯附于六藝而
　　　　無所忌憚。」（參閱〔清〕胡渭撰〈河圖洛書・圖書不過爲《易》興先至之祥〉，
　　　　《易圖明辨》，收入嚴靈峯編輯：《無求備齋易經集成》（臺北：成文出版社，
　　　　1976 年據清道光 24 年刊「守山閣叢書」本影印），第 145 冊，卷 1，頁 47。）

汪繼培、姚振宗等之説。(10)認爲讖緯始于秦王朝的,此張九韶、
王鳴盛之説。(11)認爲讖緯源于鄒衍,此説發自金鶚而證成于劉師
培、陳槃。(12)讖緯出于西漢之末。漢代通儒謂讖緯起于西漢哀帝、
平帝的時候。〔註123〕

鐘肇鵬先生其將歷代「讖緯」成書起源分歧之説法,歸結爲十二類。楊權先
生則言:「目前流行的觀點則認爲起于西漢哀、平之際。」〔註124〕其説與顧實
考證「當作於漢武、宣以後」之説接近。

劉彬先生則云:「《乾鑿度》八卦卦氣説當淵源甚古,最遲當在戰國時已
經存在。」〔註125〕董光壁先生則直言《易緯·乾鑿度》成書于西漢時期,其
謂:

> 成書于西漢時期的《易緯·乾鑿度》把宇宙早期的演化史分爲四個
> 階段:「未見氣的太易、氣之始的太初、形之始的太始和質之始的太
> 素四大階段。」〔註126〕

由上略舉數家之論,可知《乾鑿度》成書起源,非僅限「戰國」一説,迄今
猶然眾家紛紜,莫衷一是,未有定論者。然其推定爲何,尚須專門獨立命題,
深入研究,惟受制文獻及出土資料,愚以爲真象尚待時間考證,誠非本文重
點,謹此聊表略述,卓供方家參酌。

然《乾鑿度》一書之學術地位終究已獲肯定且不容小覷與輕蔑,此由〔清〕
盧見曾(1690～1768)所撰《周易乾鑿度序》之言,可見一斑,其謂:

> 《周易乾鑿度》二卷,其中多七十子大義,兩漢諸儒皆宗之;京房
> 之注大衍、宣誦之用甲寅元、陳寵之論三微、張衡之述九宮、許慎

按:一者「圖讖」、一者「緯候」,胡渭言「圖讖」起於戰國之時,惟「緯書」
興於漢哀、平帝之際,前後時間不同。

〔註123〕參閱鐘肇鵬先生著:〈讖緯的起源和形成〉,《讖緯論略》(瀋陽:遼寧教育出
版社,1995年),頁11～26。

〔註124〕參閱楊權:〈讖緯研究述略〉,《中國史研究動態》2001年第6期,頁20。

〔註125〕參閱劉彬先生:《易緯》八卦卦氣思想初探〉,《周易研究》2004年第6期,
頁24。

〔註126〕參閱董光壁先生著:〈中國古代的宇宙觀〉,《學習時報》第5版(知識時代),
2001年6月4日。

之稱君人五號；又鄭康成注《易》謂《易》一言而含三義，注《禮》
謂三王郊用夏正以易之，帝乙爲成湯，咸本《乾鑿度》。一行言卦氣
之說，出孟氏章句，而不知《乾鑿度》已言之，此皆《易》之大義
也。或曰緯書非學者所尚，是不然！聖人作經，賢人緯之，《經》粹
然至精，《緯》則有駁有醇，成哀之緯，其辭駁，先秦之緯其辭醇，
《乾鑿度》先秦之書也。去聖未遠，家法猶存，故鄭康成，漢代大
儒而爲之注；〔唐〕李鼎祚作《易傳》是時緯候具在，獨取《乾鑿度》，
非以其醇耶？〔註127〕

盧氏言《乾鑿度》文多七十子大義，兩漢諸儒皆宗其述，並臚列京房（77～
37B.C.）、亶誦（？）、陳寵（？～106）、張衡（78～139）乃至鄭玄等，均采
《易緯乾鑿度》注論己說，且糾正〔唐〕一行（673～727）「卦氣」之說，實
應源自《乾鑿度》而非孟喜之謂，所云皆爲《易》之大義。

　　盧氏更言「聖人作經，賢人緯之」之理，亦指《乾鑿度》因其辭醇，故
屬先秦之緯，且「去聖未遠，家法猶存」，是以如漢代之大儒者鄭玄，猶爲之
作注，又舉〔唐〕李鼎祚（？）作《周易集解》之際，緯候諸書具在，何仍
獨取《乾鑿度》之說爲例，以證《乾鑿度》辭醇之確然。

　　若此，由顧、盧二氏之言，觀《易緯乾鑿度》受青睞之程度，反思其是
否「僞書」？亦猶如《列子》之般，依然眾家各有己見，無能定論。

　　王國維先生（1877～1927）曾言：「古來新學問起，大都由於新發見。」
〔註128〕更謂：「然則中國紙上之學問，賴於地下之學問者，固不自今日始矣。」
〔註129〕余嘉錫先生（1884～1955）亦云：

　　　　故就史志以考古書之眞僞完闕，雖爲不易之法，然得之者固十之七

　　　　八，失之者亦不免二三。若僅恃此法以衡量古今，是猶決獄者不能

〔註127〕參閱〔清〕盧見曾：〈易緯乾鑿度序〉，見〔東漢〕鄭康成注《易緯乾鑿度》，
　　　　收入嚴靈峯編輯：《無求備齋易經集成》（臺北：成文出版社，1976年據〔清〕
　　　　乾隆二十一年雅雨堂刊本影印），第157冊，頁1～2。
〔註128〕王國維著：〈最近二、三十年中中國新發見之學問〉，《王觀堂先生全集》（臺
　　　　北：文華出版公司，1968年），第5冊，頁1915。
〔註129〕同上註，頁1916。

> 曲體物情，得法外之意，而徒執尺一以定爰書；則考竟之時：必有
> 銜冤者。前人序跋，論列古書，往往似此，不可不察也。〔註130〕

咀嚼王、余二氏之言，對照《歸藏》當年斥之「僞」，然今卻為「眞」乙事，
再反觀《易緯乾鑿度》、《列子》二者之例以思，直有醍醐灌頂、夢中驚醒之
概！

《乾鑿度》眞僞之說，是否暫且別論，純就學術淵源探討，較為恰當？
畢竟今世所傳「大衍之法」──「七、八、九、六」策數之說，全然洎此而
來，迄今無能推翻。諸如孔穎達曾言：

> 又《易乾鑿度》云：「垂皇策者犧。」據此諸文，皆是用著以求卦。
> 先儒之說，理當然矣。〔註131〕

孔氏於此即謂《易緯乾鑿度》所稱之：「垂皇策者犧」，咸指以著求卦。其乃
先儒所言，理當必然。是以孔氏即云：

> 「十有八變而成卦」者，每一爻有三變，謂初一揲，不五則九，是
> 一變也。第二揲，不四則八，是二變也。第三揲，亦不四則八，是
> 三變也。若三者俱多為老陰，謂初得九，第二、第三俱得八也。若
> 三者俱少為老陽，謂初得五，第二第三，俱得四也。若兩少一多為
> 少陰，謂初與二、三之間，或有四或有五而有八也，或有二箇四而
> 有一箇九，此為兩少一多也。其兩多一少為少陽者，謂三揲之間，
> 或有一箇九，有一箇八而有一箇四，或有二箇八，而有一箇五，此
> 為兩多一少也。如此三變既畢，乃定一爻。六爻則十有八變，乃始
> 成卦也。〔註132〕

孔穎達依《乾鑿度》「垂皇策者犧」之說，訓釋「以著求卦」之法，且述「三
變成爻，十有八變成卦」之步驟。又謂：

> 所以老陽數「九」，老陰數「六」者，以揲著之數，「九」遇揲則得

〔註130〕參閱余嘉錫先生著：〈案著錄第一・諸史經籍志皆有不著錄之書〉，《古書通例》
　　　　（臺北：丹青圖書有限公司，1986年），頁3。
〔註131〕參閱十三經注疏本《周易正義》（北京：北京大學出版社，2000年），卷第1，
　　　　頁2。
〔註132〕同上註，卷第7，頁332。

老陽，「六」遇撲則得老陰。其少陽稱「七」，少陰稱「八」，義亦準此。〔註133〕

孔氏且稱「以蓍求卦」過程所得「老陽、老陰、少陽、少陰」之策數，各爲「九、六、七、八」。觀孔穎達「七」、「八」、「九」、「六」策數演算，即自「大衍之數」而來，惟其所謂「先儒」者，是否隱喻「鄭玄」猶不得而知，然七、八、九、六策數之論，乃昉於鄭玄之《易注》則無庸置疑，且鄭玄《易注》與《易緯乾鑿度》之注相爲表裏，此於下文可更加了然，若此，孔穎達之疏亦循《易緯乾鑿度》之蹟，理當可判。

《易緯乾鑿度》云：

> 初以四、二以五、三以上，此之謂「應」。陽動而進，陰動而退，故陽以七，陰以八爲象，《易》一陰一陽合而爲十五之謂「道」。陽變七之九，陰變八之六，亦合於十五，則象、變之數若之一也。〔註134〕

鄭玄注曰：

> 陽動而進，變七之九，象其氣息也。陰動而退，變八之六，象其氣消也。「象」者，爻之不變動者，五象天數，奇也。十象地之數，偶也。合天地之數，乃謂之「道」。九、六爻之變動者，《繫》曰：「爻効天下之動也。」然則《連山》、《歸藏》占「象」，本其質性也。《周易》占「變」者，効其流動也。「象」者，斷也。〔註135〕

鄭玄於此謂：「『象』者，爻之不變動者；《連山》、《歸藏》占『象』，而《乾鑿度》云：「陽以七，陰以八爲『象』」；鄭玄又言：「九、六爻之變動；《周易》占『變』者，是以鄭玄於〈易贊、易論〉則稱：「《周易》以變者爲占，故稱九稱六。」〔註136〕

〔註133〕參閱十三經注疏本《周易正義》（北京：北京大學出版社，2000 年），卷第 1，，頁 3。
〔註134〕〔東漢〕鄭玄注：《易緯乾鑿度》（臺北：老古文化事業公司，1981 年），卷上，葉 6。
〔註135〕同上註。
〔註136〕參閱〔東漢〕鄭玄注，〔南宋〕王應麟纂輯：〈易贊、易論〉，《周易鄭康成注》，收入嚴靈峯編輯：《無求備齋易經集成》（臺北：成文出版社，1976 年據元刊本影印），第 175 冊，頁 55。

　　「三代之《易》」爲鄭玄依「近師」說而來，對照鄭玄注《易緯乾鑿度》謂：「《連山》、《歸藏》占『象』；《周易》占『變』」，則夏——《連山》、殷——《歸藏》乃以「不變」爲占，《周易》即以「變」者爲用。若此，「《連山》、《歸藏》占七、八；《周易》占九、六」之說，確然即由鄭玄所創。

　　是以韋昭、杜預所稱《連山》、《歸藏》以「七、八」不變爲占，即遵鄭玄之說而來。賈公彥所言：「夏、殷以不變爲占，《周易》以變者爲占」〔註137〕又謂：「夏、殷《易》以七、八不變爲占，《周易》以九、六變者爲占」〔註138〕更曰「占異者，謂《連山》、《歸藏》占七、八，《周易》占九、六，是占異也。」〔註139〕咸皆依此而述。若然，於焉明了「三代之《易》」占「變」與「不變」之說，全然鄭玄之論。鄭玄於其《易注》且謂：

> 大衍之數五十，天地之數五十有五，以五行氣通，凡五行減五，大衍又減一，故四十九也。衍，演也；揲，取也。……大衍之數五十有五，五行各氣并，氣并而減五，惟有五十。以五十之數，不可以爲七、八、九、六「卜筮之占」以用之，故更減其一，故四十有九也。〔註140〕

鄭玄《易注》雖言明七、八、九、六「卜筮之占」乃泪「大衍之數」推演而來，然未陳述如何揲算「七、八、九、六」之數，迄今，眾方家所遵之法猶然僅如賈公彥所言：「《易》筮法用四十九著，『分之爲二以象兩，卦一以象三，揲之以四以象四時。歸奇于扐以象閏』，『十有八變而成卦』是也」〔註141〕之法。至於眞否如此？韋昭、杜預所見是否相埒？受制文獻、出土材料之不足，誠然不得而知。李鏡池先生爲此亦謂：

〔註137〕十三經注疏本〈士冠禮〉，《儀禮注疏》（北京：北京大學出版社，2000年），卷第1，頁12。

〔註138〕十三經注疏本〈大卜〉，《周禮注疏》（北京：北京大學出版社，2000年），卷24，頁749。

〔註139〕同上註，頁750。

〔註140〕參閱〔東漢〕鄭玄注，〔南宋〕王應麟纂輯：〈繫辭〉，《周易鄭康成注》，收入嚴靈峯編輯：《無求備齋易經集成》（臺北：成文出版社，1976年據元刊本影印），第175冊，頁47。

〔註141〕同註137，頁10。

　　　《周易》本來是一種占書，這一點已無疑義，《左傳》《國語》可做

　　證據。但《周易》究竟是怎樣占的，這可是一個難以詳考的問題。

　　因爲占法早已失傳，《左》《國》所載不過是所占之結果，而不是揲

　　著的方法。〔註142〕

李氏亦言內、外《傳》所載筮例僅爲結果，而非占筮之法，《周易》揲算之法
早已失傳。

　　孔穎達雖未苟同鄭玄、杜預《連山》《歸藏》占不變者之說，然其注解「四
營成易，揲著成卦」猶遵賈氏之法，无有異議。〔註143〕若此，迄今所能依循
之《周易》揲著筮法，亦僅祇這般云爾。

　　觀《易緯乾鑿度》原文：

　　　故曰有太易、有太初、有太始、有太素也。太易者，未見氣也。太

　　初者，氣之始也。太始者，形之始也。太素者，質之始也。炁形質

　　具而未離，故曰渾淪。渾淪者，言萬物相渾成而未相離。視之不見，

　　聽之不聞，循之不得，故曰《易》也。……《易》一陰一陽，合而

　　爲十五之謂道。陽變，七之九；陰變，八之六，亦合於十五，則象、

　　變之數，若之一也。五音六律七變由此作焉。故大衍之數五十，所

　　以成變化，而行鬼神也。〔註144〕

前段言及「故曰《易》也」，意指：「《易》之爲《易》者，乃由太易、太初、
太始、太素循序而成」。

　　後段之文意爲：「七、八；九、六咸爲『象』、『變』之數，全然『大衍五
十之數』變化而得。二數其中爲陰、陽，陰、陽之理即爲《易》，二者相合皆
十五猶如『道』之永恒如『一』之義。」

　　參照鄭玄之注：「『象』者七、八，『變』者九、六，《連山》、《歸藏》占

〔註142〕參閱李鏡池先生：〈《左》《國》中《易》筮之研究〉，收入顧頡剛著：《中國古
　　　　史研究》（臺北：光復書局，1985年），第3冊，頁172。
〔註143〕參閱十三經注疏本《周易正義》（北京：北京大學出版社，2000年），卷第7，
　　　　頁331～332。
〔註144〕參閱〔東漢〕鄭玄注：《易緯乾鑿度》（臺北：老古文化事業公司，1981年），
　　　　卷上，葉5～6。

七、八，《周易》占九、六」，可知其言：「三《易》」者，咸為《易緯乾鑿度》所云：「太易、太初、太始、太素」演變而生之《易》。《連山》、《歸藏》、《周易》三者「大衍之數」猶且相垺，且自「大衍之數」演算所得四策之數「七、九、八、六」尚且不殊，僅占筮之法有所差異——「《周易》占九、六；《連山》、《歸藏》占七、八。」

七、八者「象」也，鄭注「象者，斷也」，同然《連山》《歸藏》占七、八不變爻以論斷吉凶之意，故而「三《易》同源」之說，蓋由此可見一斑。王明欽先生即言：「其經卦皆八，其別皆六十有四。卦畫的表示法也一樣，皆以陰陽爻組成，那麼，何以硬將它們分屬夏商周呢？我以為，《連山》、《歸藏》、《周易》古同出一源，為《易》之三大派別。」〔註145〕王氏此說亦足為參考矣。

第三節　出土材料之省思

考《春秋》內、外《傳》內容，其時代當屬春秋之際。〔註146〕對照近年出土戰國楚簡數字卦而論，筮法之「八」早於戰國楚簡之前，猶應屬數字卦表示之時代，雖然，迄今尚未有春秋時期數字卦出土，〔註147〕然愚總以為出土數字卦與《左傳》、《國語》之「八」問題，其中抑應存有某種關連性，是以倘從出土材料思考，當以「數字卦」為直接首要之鵠的。

惟揆諸出土數字卦，一至十數皆有，〔註148〕出土戰國楚簡，雖集中於

〔註145〕王明欽先生：〈試論《歸藏》的幾個問題〉，收入古方編：《一劍集》（北京：中國婦女出版社，1996年），頁106。

〔註146〕按：此謂內、外《傳》記述內容，乃屬春秋時代之事，至於成書何時，係另一命題，本文不予贅述。惟僅略提顧頡剛之意，以供參考。其以為：「《國語》和《左傳》實出於戰國時人撰述，又加以漢人之竄亂，性質複雜，有待我們之分析者正多，決不能逕看作春秋時代之史料。我們只該存疑。」（參閱顧頡剛先生撰：〈五德終始說下的政治和歷史〉，收入《中國古史研究》（臺北：光復書局，1985年），第5冊，頁407。）

〔註147〕史善剛先生謂：「西周晚期《易經》一書誕生之後，數字易卦隨之也發生了一次深刻的變化。單就卦畫符號而言，春秋時期至今尚未發現有數字卦。」（參閱史善剛先生：〈數字卦與簡帛《易》〉，《中州學刊》第6期（2005年11月），頁148。）

〔註148〕季旭昇先生曾謂：「但是我們現在收到的材料中最大數有九（《考古》1989.1

一、五、六、七、八、九等數，且其中以一、六爲甚，〔註149〕然其成卦之法爲何？史書文獻咸無記載，眞象何如？至今猶然無解，諸如以下兩表所列即可爲證：

（一）湖北荊門包山楚簡數字卦

〔註150〕

（二）湖北天星觀楚簡數字卦

〔註151〕

第（一）表爲 1986 年 11 月於湖北荊門包山出土之戰國竹簡數字卦；第（二）表爲 1978 年湖北江陵天星觀 M1 出土之戰國竹簡數字卦。且兩批數字卦，史善剛先生以爲是「本卦」、「之卦」之實例，其謂：「變卦之出現，最早見之于

（256））、有十（《屯南》上冊第二分冊 4352 片，只一見），因此我們應該襪之以九或十才行。」（參閱季旭昇先生：〈古文字中的《易》卦材料〉，發表於「《周易》《左傳》國際學術研討會（中國經學研究會第一屆學術研討會）」（臺北：臺灣大學第二學生活動中心國際會議廳，1999 年 5 月 8～9 日），頁 7。）且請參同註，頁 14～19「古文字《易》卦表」，即知數字卦數字由一～十皆有。

〔註149〕 史善剛先生曰：「包山《易》卦和天星觀《易》卦屬戰國時期楚地的產物。包山卦和天星觀卦，總卦數爲 20，總字數爲 120。其中出現的有『一、五、六、七、八、九』等六個數字。其中『一』爲 56，『五』爲 2、『六』爲 53、『七』爲一、『八』爲 7、『九』爲 1。而其中的『一』和『六』之和已達 109，占了絕大多數。」（參閱史善剛先生：〈數字卦與簡帛《易》〉，《中州學刊》第 6 期（2005 年 11 月），頁 148。）

〔註150〕 參閱史善剛先生：〈數字卦與簡帛《易》〉，《中州學刊》第 6 期（2005 年 11 月），頁 145。按：原圖「簡組編號」239——「變卦」四爻變；245——「變卦」四爻變，依實際圖示，明顯有誤，今已更正爲二爻、三爻變。

〔註151〕 同上註，頁 146。

春秋時期的《左傳》《國語》。」〔註152〕又言：

> 到了戰國時代，就占筮體例來講，至今尚无文字記載可證。然而『包
> 山楚簡』《易》卦和『天星觀楚簡』《易》卦卻提供了實證。其占筮
> 之卦皆兩兩一組，有本卦也有之卦，左右并列，了了分明。但此種
> 變卦的體例安排和解卦方式，非同于《左傳》《國語》中的體例。前
> 者是按照卜筮格式（前辭、命辭、占辭），在其卜辭之後安排兩卦卦
> 象，既无卦名，亦无解卦之辭；後者則是遇事占筮，把所得之卦，
> 按照《易》經之法進行變卦，既有《易》經上之卦名，又有大段的
> 解卦之辭和變卦之義。由此看來，《易》經上的變卦之法，在運用的
> 行程中，因其時代、環境和情況之不同，而在變卦取捨和解卦方式
> 等方面亦當有別。〔註153〕

史氏以爲包山、天星觀楚簡之出土，對於欠缺文獻資料之戰國時代占筮體例
提供了實證。且視包山、天星觀楚簡兩兩一組之數字卦，猶如《左傳》、《國
語》之本卦、之卦一般，惟體例格式彼此不同。

楚簡於卜辭之後爲兩卦卦象，既无卦名，亦無解卦之辭，史氏稱之因時
代、環境不同而致變卦、解卦之法有所改易。

然出土戰國楚簡代表「本卦」、「之卦」之說，另有學者持不同之看法，
如于茀先生則謂：

> 如果說包山楚簡 6 組《易》卦〔註154〕和新蔡楚簡 12 組《易》卦
> 〔註155〕的每組兩個《易》卦是變卦的本卦和之卦，那麼每組中的兩

〔註152〕史善剛先生：〈數字卦與簡帛《易》〉，《中州學刊》第 6 期（2005 年 11 月），
頁 146。

〔註153〕同上註。

〔註154〕于茀先生曰：「包山楚簡的 6 組《易》卦：『第 1 組：䷀䷀；第 2 組：䷁䷁；
第 3 組：䷂䷂；第 4 組：䷃䷃；第 5 組：䷄䷄；第 6 組：䷅䷅。』」（參閱于茀：
〈戰國簡卦畫問題再探討〉，《北方論叢》2008 年第 2 期，頁 2～3。）

〔註155〕于茀先生曰：「新蔡楚簡中保存完好的 12 組易卦分別爲：『第 1 組：䷀䷀；第
2 組：䷁䷁；第 3 組：䷂䷂；第 4 組：䷃䷃；第 5 組：䷄䷄；第 6 組：䷅䷅；第
7 組：䷆䷆；第 8 組：䷇䷇；第 9 組：䷈䷈；第 10 組：䷉䷉；第 11 組：䷊䷊；
第 12 組：䷋䷋。』」（參閱于茀：〈戰國簡卦畫問題再探討〉，《北方論叢》2008
年第 2 期，頁 3。）

個《易》卦應該有一定的變卦規律。但是，從 18 組《易》卦來看，不僅與九、六為變爻的規律不合，而且也不存在其他某種規律。即使我們把包山楚簡、新蔡楚簡中兩兩一組的《易》卦看做是所謂的數字卦，本卦和之卦的說法也難以成立。因為如果如此，那麼在所謂的一、六、五、八四個數字中，必有兩個是變爻，兩個是不變爻，但是我們看到，以上每組《易》卦的兩卦之間并沒有一定的變卦規律可言。這充分說明包山楚簡、新蔡楚簡中兩兩一組得《易》卦，不可能是變卦的本卦和之卦。〔註 156〕

于茀先生質疑所見咸皆「一、六、五、八」四數構成之包山暨新蔡楚簡計十八組之《易》卦，其間並無一定之爻變規律可循。諸如包山楚簡第六組 ䷀䷀ 上爻「八」變為「六」，五爻「一」變「六」，四爻「六」變「一」，初爻「一」變成「八」；第五組 ䷀䷀ 三爻由「六」變「八」，四、五爻「一」變「六」。

新蔡楚簡第一組 ䷀䷀ 上爻「一」變「八」，四爻、初爻「一」變「六」；第五組 ䷀䷀ 上爻、四爻「六」變「五」，二爻「一」變「六」；第十組 ䷀䷀ 全然不變；第十二組 ䷀䷀ 上爻「一」變「八」，四爻、初爻「一」變「六」。

各楚簡且有「六」、「一」互變，有時又不變；「八」、「六」可互變，「一」能變「六」或「八」；「六」變「五」，然不見「五」、「八」互變，各數有時變有時不變，同一卦中相同之數字有於此爻變，然它爻卻不變之情形，凡此諸般種種，確如于氏所稱毫無章法可言，是以于氏以為包山、新蔡楚簡，兩兩一組之《易》卦（數字卦），不可能是變卦法之「本卦」與「之卦」。

惟抑有學者持較保守之論，李學勤先生即為一例，其言：

出土發現的數字卦，使用字數不限七、八、九、六，便是有異于《左》、《國》筮例的明證，因此，在商周遺物上出現的數字符號，雖然看來是與《易》卦有關，可是屬于《易》的那一種，還是需要論證的問題。〔註 157〕

〔註 156〕參閱于茀：〈戰國簡卦畫問題再探討〉，《北方論叢》2008 年第 2 期，頁 3。
〔註 157〕參閱李學勤先生著：《周易經傳溯源》（北京：中國社會科學出版社，2007 年），

李先生稱出土數字卦之數字不限於「七、八、九、六」四數，於此可知與內、外《傳》筮例即有相異。而數字卦雖與《易》看似有關，然究屬何《易》尚須深入論證。

愚則以爲，倘依湖北荊門包山楚簡、天星觀楚簡兩兩一組數字卦爲例，若以「本卦」、「之卦」言之，則首須解釋之問題，即何以「八」、「一」；「六」、「一」；「六」、「五」；「六」、「七」均可互變？尤有甚者，「八」、「六」；「一」、「九」二數亦能互變？

既以奇、偶論陰、陽爻之變，何以偶、偶；奇、奇之數尚且彼此能變？又何以奇數有一、有五、有七亦有九等數之運用？然偶數卻僅六、八二者以爲之？季旭昇先生曾舉三組「陝西扶風縣齊家村出土之周初卜骨數字卦」，經整理發現，亦見此般情形：

> （一）、「〰〉〈〉〈一〉〈〰之〰一一一〰〰」：「『六八八一八六』之『九一一一六五』」〈謙〉䷎之〈同人〉䷌：（二）、「〰〉〈一一一〉〈之〉〈〰〰〰」：「『六八一一一八』之『八八六六六六』」〈恆〉䷟之〈坤〉䷁；（三）、「一〉〈〰〈〰〰之〰〉〈一一一一」：「『一八六八五五』之『六八一一一』」〈損〉䷨之〈泰〉䷊。〔註158〕

第一組數字卦，上爻「六」變「九」，四、五爻「八」變「一」，二爻「八」變「六」，初爻「六」變「五」，季先生釋爲本卦〈謙〉䷎變爲之卦〈同人〉䷌。

第二組，上爻「六」變「八」，二、三、四爻「一」變「六」，初爻「八」變「六」，季先生解爲本卦〈恆〉䷟、之卦〈坤〉䷁。

第三組，上爻「一」變「六」，四爻「六」變「一」，三爻「八」變一，初、二爻「五」變「一」，季先生訓爲本卦〈損〉䷨、之卦〈泰〉䷊。

頁 154。

〔註158〕參閱季旭昇先生：〈古文字中的《易》卦材料〉，發表於「《周易》《左傳》國際學術研討會（中國經學研究會第一屆學術研討會）」（臺北：臺灣大學第二學生活動中心國際會議廳，1999 年 5 月 8～9 日），頁 17。

　　觀之周初卜骨數字卦，各爻數字之變化，猶如戰國楚簡數字變化之翻版，其中亦僅多出「一」、「五」之互變云爾，可謂周初與戰國者咸爲一般。

　　若然，何數爲動爻？何數爲不變？同一卦中相垺之數字，居何爻可變？何爻則不變？同奇、偶之數，何時可變？何時不變？種種諸般疑問，著實令數字成卦之法充滿想像與推測。

　　倘以「大衍之法」七、八、九、六之數於三代《易》之運用，對比數字卦而論，彼此之間，迥然存有無以對等之疑惑，且乃更須深入持續研究之課題。然就現存之文獻，祇知周代（或以前）占筮之時如何記卦，〔註159〕至於眞正成卦之法，則僅存鄭玄所留之說可資比對。季旭昇先生於此問題所言最爲中肯，其謂：

　　　數字卦所跨越的時間太長，也許它們未必是完全採用同一種筮法。
　　　傳統《易》學中有《連山》、《歸藏》、《周易》的不同，它們既然都
　　　叫《易》，應該都是用筮數求得的，其不同除了卦名、卦辭等之外，
　　　應該也有取數的不同吧。至於它們的具體筮法如何，今天還不好斷
　　　言，但應該和《繫辭》的揲法有很密切的關係。〔註160〕

是以依季先生之言，就現階段而論，欲由「數字卦」以探《春秋》「之八」、「皆八」筮法之眞象，愚以爲尚待嗣後更多材料之出土，抑始能得更進一步之研究。

　　王明欽先生以出土「王家台秦簡《易》卦」，證明《歸藏》確曾存在之事

〔註159〕《儀禮》謂：「乃釋韇，立筮。卦者在左坐，卦以木。卒筮，乃書卦于木，示主人乃退占。」鄭玄注曰：「卦者，史之屬也。卦以木者，每一爻，畫地以識之。六爻備，書於版。史受以示主人，退占，東面旅占之。」（參閱十三經注疏本〈少牢饋食禮第十六〉，《儀禮注疏》（北京：北京大學出版社，2000年），卷47，頁1040。）賈公彥疏：「〈少牢〉云：『卦者在左坐，卦以木。』故知古者畫卦以木也。」（同註，〈士冠禮第一〉，《儀禮注疏》，卷第1，頁10。）按：此「古者」當指周（或以前）占筮之時，於地畫爻，自初至上，計六爻而成卦。愚曾試想，每一爻、卦之成立對照「三變成一爻，十有八變而成卦」之筮法，每一數字卦之每一爻其數字如何而來？倘奇、偶論陰、陽，不同之奇數皆爲陽，彼此如何區別「變」或「不變」？不同之偶數均爲陰，其又如何分辨？其間之問題，實令人充滿疑惑與想像。

〔註160〕參閱季旭昇先生：〈古文字中的《易》卦材料〉，發表於「《周易》《左傳》國際學術研討會（中國經學研究會第一屆學術研討會）」（臺北：臺灣大學第二學生活動中心國際會議廳，1999年5月8～9日），頁7。

實，其謂：「三《易》之法，其差別也不應該是成卦的不同，而應是成卦之後，解釋的差異。」〔註161〕程二行、彭公璞二人，取筮法三「八」筮例比較時亦稱：

> 用《周易》占與不用《周易》占，其區別并不在于揲著以得卦的筮法，而在于用不用《周易》的卦爻辭。僅用卦名字面意義及卦體的構成爲占，也就意味著《周易》之外的占法，只取卦畫與卦名，而不取卦爻辭。〔註162〕

三者之言，雖說有理，然愚以爲「僅得其文，未得其質。」觀三者之意，皆謂：「成卦之法，三《易》咸同，無有區別。」此說，乃遵鄭玄「七、八、九、六」之法而論，依目前有限材料言之，尚可成立。

然成卦「占斷之法（即解釋之法）」，三者稱其差異，在於「用不用《周易》卦、爻辭占」，愚以爲三者所以如此而言，實受出土「王家臺秦簡《易》占」之影響。

「秦簡《易》占」與今《歸藏》傳本相埒，於卦畫之後即爲卦名，接於卦名之後則爲論占吉、凶之事，其間並無卦、爻之辭，情形有如程、彭二氏所謂：「只取卦畫與卦名爲占，而不論該卦『卦』、『爻』之辭。」

今日，雖已證實「王家臺秦簡《易》占」即爲《歸藏》，然其「成卦之法」爲何？迄今猶然不明。倘其成卦之法，果眞以「大衍之數」而論，若此，誠然可視三《易》成卦之法不殊，亦即韋昭、杜預所稱「《連山》、《歸藏》占七、八」之筮法，其成卦之法與《周易》相埒。

然將「之八」、「皆八」筮例，視若《歸藏》筮法之結果，則其論占與王家臺秦簡《易》占彼此最大之差異，即在於「之八」、「皆八」其「八」字如何解釋？

綜觀出土「王家臺秦簡《易》占」絕無「之八」、「皆八」詞語出現，「之

〔註161〕參閱王明欽先生：〈試論《歸藏》的幾個問題〉，收入古方編：《一劍集》（北京：中國婦女出版社，1996年），頁106。

〔註162〕參閱程二行、彭公璞：〈歸藏非殷人之《易》考〉，《中國哲學史》2004年2期，頁106。

八」、「皆八」成卦法或可依「七、八、九、六」視之，然占斷之法亦何能遽以出土「秦簡」釋之？易言之，又憑何可將「之八」、「皆八」筮例，等同於《歸藏》之筮例？故而，王、程、彭三者之言，愚以爲稍欠公允。

第四節　總　結

　　由鄭玄《易緯乾鑿度》注說推論，三《易》本即同源，已無庸置疑。且《連山》、《歸藏》、《周易》咸皆「太易、太初、太始、太素」演變而生，三《易》「大衍之數」不殊，演算所得四策之數「七、八、九、六」，全然相埒，惟三《易》揲算之法鄭氏未傳，迄今猶以賈公彥疏說爲據，然與鄭玄之法同否？尚無能確定，猶且《連山》、《歸藏》成卦之法爲何？至今依然不明。

　　惟依鄭玄之說，則能確定三《易》論占之法本有差異，《周易》占九、六，《連山》、《歸藏》占七、八，易言之，《連山》《歸藏》即以七、八不變爻爲占，《周易》則以九、六變爻爲論。更據出土材料，業已得證《歸藏易》確曾存在之事實。故此，參照現存文獻及出土材料分析內、外《傳》「之八」、「皆八」筮例，尚以韋昭、杜預所云：「《連山》、《歸藏》二《易》以七、八不變爻爲占」之說，誠然最爲適切。然「之八」、「皆八」筮法，究屬《連山》抑《歸藏》？至此同然無解。

　　惟可證者，乃「得貞〈屯〉䷂悔〈豫〉䷏皆八」筮例，即依「三人占，則從二人之言」論定爲兩次占筮之結果，非「本卦」、「之卦」之遞嬗關係。更且考定「遇〈艮〉䷳之八」、「得〈泰〉䷊之八」、「得貞〈屯〉䷂悔〈豫〉䷏皆八」，三者之「八」乃「不變爻」之義。

　　綜上所論，受制於先天之材料及後天之稟賦，是以恐尚有未盡推衍周詳之處，雖未臻至善，然離眞象亦當不遠，尚祈眾方家不吝指正爲幸。

參考書目

一、古籍（以撰注作者朝代爲序）

（一）十三經注疏類

1. 〔周〕左丘明傳，〔西晉〕杜預注，〔唐〕孔穎達正義：《春秋左傳正義》（北京：北京大學出版社，2000 年）。

2. 〔西漢〕毛亨傳，〔東漢〕鄭玄箋，〔唐〕孔穎達疏：《毛詩正義》（北京：北京大學出版社，2000 年）。

3. 〔西漢〕孔安國傳，〔唐〕孔穎達疏：《尚書正義》（北京：北京大學出版社，2000 年）。

4. 〔東漢〕鄭玄注，〔唐〕賈公彥疏：《周禮注疏》（北京：北京大學出版社，2000 年）。

5. 〔東漢〕鄭玄注，〔唐〕賈公彥疏：《儀禮注疏》（北京：北京大學出版社，2000 年）。

6. 〔東漢〕鄭玄注，〔唐〕孔穎達疏：《禮記正義》（北京：北京大學出版社，2000 年）。

7. 〔三國・魏〕王弼注，〔唐〕孔穎達疏：《周易正義》（北京：北京大學出版社，2000 年）。

8. 〔三國・魏〕何晏注，〔北宋〕刑昺疏：《論語注疏》（北京：北京大學出版社，2000 年）。

（二）其它古籍類

1. 〔周〕左丘明撰，〔吳〕韋昭注：《國語》（臺北：臺灣中華書局，1966 年

據《士禮居黃氏重雕本》校刊）。

2. 〔周〕列禦寇撰，〔後魏〕張湛注：《列子》（臺北：臺灣中華書局，1966年據明世德本校刊）。

3. 〔楚〕屈原著，〔明〕汪瑗撰：《楚辭集解》，收入《續修四庫全書・集部・楚辭類》第1301冊（上海：上海古籍出版社，1995年）。

4. 〔楚〕尸佼撰：《尸子》（臺北：臺灣中華書局，1966年據平津館本校刊）。

5. 〔戰國〕河上公注：《老子道德經》，收入嚴靈峯編輯：《無求備齋老子集成初編》（臺北：藝文印書館，1965年據《四部叢刊》景印〔宋〕建安虞氏刊本景印）。

6. 〔秦〕呂不韋撰，〔東漢〕高誘注：《呂氏春秋》（臺北：臺灣中華書局，1966年據畢氏靈巖山館本校刊）。

7. 〔秦〕呂不韋撰，〔東漢〕高誘注：《呂氏春秋》，收入王雲五主編：《四庫叢刊初編子部》第24冊（臺北：臺灣商務印書館，1967年據上海商務印書館縮印明刊本影印）。

8. 〔西漢〕伏勝撰，〔東漢〕鄭玄注，〔清〕陳壽祺輯校：《尚書大傳》（北京：中華書局，1985年）。

9. 〔西漢〕劉安撰，〔東漢〕許慎注：《淮南子》，收入王雲五主編：《四庫叢刊初編子部》第24冊（臺北：臺灣商務印書館，1967年據上海商務印書館縮印影鈔北宋本影印）。

10. 〔西漢〕京房撰：《京氏易傳》，收入景印《文淵閣四庫全書・子部114・術數類》第808冊（臺北：臺灣商務印書館，1985年）。

11. 〔西漢〕楊雄撰，〔晉〕范望注：《太玄經》，收入景印《文淵閣四庫全書・子部109・術數類》第803冊（臺北：臺灣商務印書館，1985年）。

12. 〔西漢〕董仲舒撰：《春秋繁露》（臺北：臺灣中華書局，1975年據抱經堂本校刊）。

13. 〔西漢〕孔安國傳：《尚書孔傳》，（臺北：臺灣中華書局，1966年據相臺岳氏家塾本校刊）。

14. 〔西漢〕司馬遷撰：《史記》，收入《二十五史》（臺北：臺灣開明書局，1934年）。

15. 〔東漢〕班固撰：《漢書》，收入《二十五史》（臺北：臺灣開明書店，1934年）。

16. 〔東漢〕王充撰，〔清〕惠棟批校：《論衡》，見《中國子學名著集成》（088）珍本初編雜家子部（臺北：中國子學名著集成編印基金會，1978年據〔明〕萬曆間新安程榮刊漢魏叢書本影印）。

17. 〔東漢〕桓譚撰，〔清〕孫馮翼輯注：《新論》（臺北：臺灣中華書局，1966年據問經堂輯本校刊）。

18. 〔東漢〕馬融撰：《尚書注》，收入〔清〕王謨輯：《漢魏遺書鈔》第 1 冊（板橋：藝文印書館，1971 年）。

19. 〔東漢〕鄭眾撰：《周禮鄭司農解詁》，收入〔清〕馬國翰輯：《玉函山房輯佚書》第 2 冊（臺北：文海出版社，1952 年）。

20. 〔東漢〕賈逵撰：《春秋左傳解詁》，收入〔清〕王謨輯《漢魏遺書鈔》第 4 冊（板橋：藝文印書館，1971 年）。

21. 〔東漢〕賈逵撰：《國語註》，收入〔清〕王謨輯《漢魏遺書鈔》第 5 冊（板橋：藝文印書館，1971 年）。

22. 〔東漢〕服虔注：《左氏傳解誼》，收入〔清〕王謨輯《漢魏遺書鈔》第 4 冊（板橋：藝文印書館，1971 年）。

23. 〔東漢〕鄭玄注，〔南宋〕王應麟纂輯：《周易鄭康成注》，收入嚴靈峯編輯：《無求備齋易經集成》第 175 冊（臺北：成文出版社，1976 年據元刊本影印）。

24. 〔東漢〕鄭玄注，〔南宋〕王應麟輯，〔清〕孔廣林增訂：《尚書鄭注》（北京：中華書局，1985 年）。

25. 〔東漢〕鄭玄注：《周易乾鑿度》，收入嚴靈峯編輯：《無求備齋易經集成》第 157 冊（臺北：成文出版社，1976 年據〔清〕乾隆二十一年雅雨堂刊本影印）。

26. 〔東漢〕鄭玄注：《易緯乾鑿度》，收入嚴靈峯編輯《無求備齋易經集成》第 157 冊（臺北：成文出版社，1976 年據〔清〕乾隆四十一年武英殿聚珍叢書本影印）。

27. 〔東漢〕鄭玄注：《易緯乾鑿度》（臺北：老古文化事業公司，1981 年）。

28. 〔東漢〕許慎撰，〔清〕段玉裁注：《說文解字》，見鍾宗憲主編：《新添古音說文解字注》（臺北：洪葉文化事業有限公司，1998 年）。

29. 〔東漢〕穎容撰：《春秋釋例》，收入〔清〕馬國翰輯：《玉函山房輯佚書》第 3 冊（臺北：文海出版社，1952 年）。

30. 〔三國・魏〕王弼著，〔唐〕邢璹註，〔明〕程營校：《周易略例》，收入嚴靈峯編輯：《無求備齋易經集成》第 149 冊（臺北：成文出版社，1976 年據〔明〕萬曆二十年刊《漢魏叢書》本影印）。

31. 〔三國・魏〕王弼注，〔東晉〕韓康伯注：《周易》（臺北：臺灣中華書局，1966 年據相臺岳氏家塾本校刊）。

32. 〔三國・魏〕王弼撰：《道德真經註》，收入嚴靈峯編輯：《無求備齋老子集成初編》（臺北：藝文印書館，1965 年據〔明〕刊正統道藏本景印）。

33. 〔不詳〕作者不詳：《古文尚書》，收入〔清〕馬國翰輯：《玉函山房輯佚書》第 1 冊（臺北：文海出版社，1952 年）。

34. 〔三國・魏〕王肅撰：《尚書王氏注》，收入〔清〕馬國翰輯：《玉房山房

輯佚書》第 1 冊（臺北：文海出版社，1952 年）。

35. 〔三國・魏〕吳普等述：《神農本草經》，收入〔清〕黃奭輯：《黃氏逸書考》第 16 函（板橋：藝文印書館，1972 年據原刻景印叢書集成三編）。

36. 〔三國・吳〕唐固撰：《春秋外傳國語唐氏注》，收入〔清〕馬國翰輯：《玉函山房輯佚書》第 5 冊（臺北：文海出版社，1952 年）。

37. 〔東晉〕郭璞注，〔明〕葉自本糾譌，〔清〕陳趙鵠重校：《爾雅》（北京：中華書局，1985 年）。

38. 〔東晉〕郭璞注：《山海經》，收入王雲五主編：《四部叢刊初編子部》27 冊（臺北：臺灣商務印書館，1967 年據上海商務印書館縮印江安傅氏雙鑑樓藏明成化刊本影印）。

39. 〔南朝・梁〕沈約附註，〔明〕范欽訂：《竹書紀年》，收入王雲五主編：《四部叢刊初編史部》第 6 冊（臺北：臺灣商務印書館，1967 年據上海商務印書館縮印天一閣刊本影印）。

40. 〔南朝・宋〕范曄撰，〔唐〕李賢注：《後漢書》，收入《二十五史》（臺北：臺灣開明書局，1934 年）。

41. 〔隋〕劉炫撰：《春秋規過》，收入〔清〕馬國翰輯：《玉函山房輯佚書》第 3 冊（臺北：文海出版社，1952 年）。

42. 〔隋〕劉焯撰：《尚書劉氏義疏》，收入〔清〕馬國翰輯：《玉函山房輯佚書》第 1 冊（臺北：文海出版社，1952 年）。

43. 〔隋〕顧彪撰：《尚書顧氏疏》，收入〔清〕馬國翰輯：《玉函山房輯佚書》第 1 冊（臺北：文海出版社，1952 年）。

44. 〔隋〕蕭吉撰：《五行大義》，收入《續修四庫全書・子部・術數類》第 1060 冊（上海：上海古籍出版社，1995 年據宛委別藏日本刻佚存叢書本影印）。

45. 〔唐〕魏徵撰：《老子治要》，收入嚴靈峯編輯：《無求備齋老子集成初編》（臺北：藝文印書館，1965 年據〔清〕光緒間蔣德鈞龍安公署刊鈔本景印）。

46. 〔唐〕李鼎祚輯：《周易集解》，收入嚴靈峯編輯：《無求備齋易經集成》第 9 冊（臺北：成文出版社，1976 年據清乾隆二十一年雅雨堂刊本影印）。

47. 〔唐〕李鼎祚輯：《周易集解》，見王雲五主編《國學基本叢書》（臺北：臺灣商務印書館，1968 年）。

48. 〔唐〕劉知幾撰：《史通》，收入王雲五主編：《四部叢刊初編史部》第 17 冊（臺北：臺灣商務印書館，1967 年據上海商務印書館縮印〔明〕張鼎思覆校陸深本影印）。

49. 〔唐〕劉禹錫撰：《劉賓客文集》，收入景印《文淵閣四庫全書・集部 16・別集類》第 1077 冊（臺北：臺灣商務印書館，1985 年）。

50. 〔唐〕柳宗元撰，〔明〕蔣之翹輯注：《柳河東全集》（臺北：臺灣中華書局，1970 年據三徑藏書本校刊）。

51. 〔唐〕張九齡撰：《唐六典》，收入景印《文淵閣四庫全書・史部 353・職官類》第 595 冊（臺北：臺灣商務印書館，1984 年）。

52. 〔唐〕陸德明撰，今人孫毓修校：《經典釋文》，見楊家駱主編《國學名著珍本彙刊》（臺北：鼎文書局，1975 年）。

53. 〔唐〕一行著：《易纂》，收入〔清〕馬國翰輯：《玉函山房輯佚書》第 1 冊（臺北：文海出版社，1952 年）。

54. 〔唐〕王冰撰，〔北宋〕林億等校正，〔北宋〕孫兆改誤：《黃帝內經素問》，收入王雲五主編：《四部叢刊初編子部》第 21 冊（臺北：臺灣商務印書館，1967 年據上海商務印書館縮印明翻北宋本影印）。

55. 〔後晉〕劉昫撰：《舊唐書》（臺北：臺灣中華書局 1971 年據武英殿本校刊）。

56. 〔北宋〕王溥撰：《唐會要》，收入景印《文淵閣四庫全書・史部 364・政書類》第 606 冊（臺北：臺灣商務印書館，1984 年）。

57. 〔北宋〕劉牧撰：《易數鈎隱圖》，收入景印《文淵閣四庫全書・經部 2・易類》第 8 冊（臺北：臺灣商務印書館，1983 年）。

58. 〔北宋〕劉牧撰：《易數鈎隱圖》，收入嚴靈峯編輯：《無求備齋易經集成》（臺北：成文出版社，1976 年據〔清〕康熙十九年通志堂原刊本影印）。

59. 〔北宋〕胡瑗撰：《洪範口義》，收入景印《文淵閣四庫全書・經部 48・書類》第 54 冊（臺北：臺灣商務印書館，1983 年）。

60. 〔北宋〕程頤撰：《伊川易傳》，收入景印《文淵閣四庫全書・經部 3・易類》第 9 冊（臺北：臺灣商務印書館，1983 年）。

61. 〔北宋〕程頤撰：《周易程氏傳》，收入嚴靈峯編輯：《無求備齋易經集成》第 15 冊（臺北：成文出版社，1976 年據清光緒十年「古逸叢書」景元至正九年積德堂刊本影印）。

62. 〔北宋〕蘇軾：《東坡易傳》，收入景印《文淵閣四庫全書・經部 3・易類》第 9 冊（臺北：臺灣商務印書館，1983 年）。

63. 〔北宋〕蘇軾撰：《書傳》，收入景印《文淵閣四庫全書・經部 48・書類》第 54 冊（臺北：臺灣商務印書館，1983 年）。

64. 〔北宋〕王安石著：《王臨川集》，見王雲五主編：《萬有文庫薈要》第 8 冊（臺北：臺灣商務印書館，1965 年）

65. 〔北宋〕馬永卿編，〔明〕王崇慶解：《元城語錄解》，收入景印《文淵閣四庫全書・子部 169・雜家類》第 863 冊（臺北：臺灣商務印書館，1985 年）。

66. 〔南宋〕朱震撰：《漢上易傳》，收入〔清〕徐乾學等輯，納蘭成德校刊

《通志堂經解》《易》第 1 冊（臺北：大通書局，1970 年）。

67.〔南宋〕朱震撰：《周易叢說》，收入〔清〕徐乾學等輯，納蘭成德校刊《通志堂經解》《易》第 1 冊（臺北：大通書局，1970 年）。

68.〔南宋〕朱震撰：《周易卦圖》，收入〔清〕徐乾學等輯，納蘭成德校刊《通志堂經解》《易》第 1 冊（臺北：大通書局，1970 年）。

69.〔南宋〕程迥撰：《周易古占法》，收入嚴靈峯編輯：《無求備齋易經集成》第 154 冊（臺北：成文出版社，1976 年據明嘉靖間天一閣刊本影印）。

70.〔南宋〕朱熹撰：《周易本義》，見趙蘊如編次：《大易類聚初集》（臺北：新文豐出版社，1983 年影印宋咸淳本）。

71.〔南宋〕朱熹撰：《易學啓蒙》，見〔清〕李光地等撰：《周易折中》，收入景印《文淵閣四庫全書‧經部 32‧易類》第 38 冊（臺北：臺灣商務印書館，1983 年）。

72.〔南宋〕朱熹撰：《晦安集》，收入景印《文淵閣四庫全書‧集部 83‧別集類》第 1144 冊（臺北：臺灣商務印書館，1985 年）。

73.〔南宋〕朱熹撰：《晦庵別集》，收入景印《文淵閣四庫全書‧集部 85‧別集類》第 1146 冊（臺北：臺灣商務印書館，1985 年）。

74.〔南宋〕呂祖謙編：《周易繫辭精義》，收入嚴靈峯編輯：《無求備齋易經集成》第 15 冊（臺北：成文出版社，1976 年據清光緒十年「古逸叢書」景元至正九年積德堂刊本影印）。

75.〔南宋〕項安世撰：《項氏家說》，收入王雲五主編：《四庫全書珍本別輯》（臺北：臺灣商務印書館，1975 年據國立故宮博物院所藏文淵閣本影印）。

76.〔南宋〕林至撰：《易裨傳》，收入〔清〕徐乾學等輯：《通志堂經解》《易》第 3 冊（臺北：大通書局，1970 年）。

77.〔南宋〕易袚撰：《周官總義》，收入王雲五主持《四庫全書珍本二集》（臺北：臺灣商務印書館，1971 年據國立故宮博物院所藏文淵閣本影印）。

78.〔南宋〕范應元撰：《老子道德經古本集註下》，收入嚴靈峯編輯：《無求備齋老子集成初編》（臺北：藝文印書館，1965 年據上海涵芬樓續《古逸叢書》景宋本景印）。

79.〔南宋〕趙以夫撰：《易通》，收入景印《文淵閣四庫全書‧經部 11‧易類》第 17 冊（臺北：臺灣商務印書館，1983 年）。

80.〔南宋〕趙汝楳撰：《筮宗》，收入嚴靈峯編輯：《無求備齋易經集成》第 154 冊（臺北：成文出版社，1976 年據清同治十二年奧東書局刊本影印）。

81.〔南宋〕趙汝楳撰：《易雅》，見《周易輯聞》下（臺北：廣文書局，1974 年）。

82.〔南宋〕黎靖德編著：《朱子語類》（臺北：正中書局，1982 年據國立中央圖書館藏明成化九年江西藩司覆刊）。

83. 〔元〕吳澄撰：《易纂言》，收入嚴靈峯編輯：《無求備齋易經集成》第 35 冊（臺北：成文出版社，1976 年據清康熙十九年通志堂原刊本影印）。

84. 〔元〕吳澄撰：《易纂言外翼》，收入王雲五主編：《四庫全書珍本別輯》（臺北：臺灣商務印書館，1975 年據國立故宮博物院所藏文淵閣本影印）。

85. 〔元〕吳澄撰：《吳文正集》，收入景印《文淵閣四庫全書·集部 136·別集類》第 1197 冊（臺北：臺灣商務印書館，1985 年）。

86. 〔元〕俞琰撰：《讀易舉要》，收入景印《文淵閣四庫全書·經部 15·易類》第 21 冊（臺北：臺灣商務印書館，1983 年）。

87. 〔元〕雷思齊撰：《易筮通變》，收入《正統道藏》第 34 冊（臺北：藝文印書館，1977 年）。

88. 〔元〕黃澤：《易學濫觴》，收入景印《文淵閣四庫全書·經部 18·易類》第 24 冊（臺北：臺灣商務印書館，1983 年）。

89. 〔元〕胡炳文撰：《周易本義通釋》，收入景印《文淵閣四庫全書·經部 18·易類》第 24 冊（臺北：臺灣商務印書館，1983 年）。

90. 〔明〕楊慎：《升菴全集》，見王雲五主篇《國學基本叢書》（臺北：臺灣商務印書館，1968 年）。

91. 〔明〕張世寶撰：《易林補遺》（上海圖書館藏：乾隆壬辰年（1772），金閶書業堂藏板）。

92. 〔明〕馬蒔撰：《黃帝內經素問注證發微》，收入《續修四庫全書·子部·醫家類》第 979 冊（上海：上海古籍出版社，1995 年據〔明〕萬曆十四年王元敬刻本影印）。

93. 〔明〕萬民英撰：《三命通會》，收入景印《文淵閣四庫全書·子部 116·術數類》第 810 冊（臺北：臺灣商務印書館，1985 年）。

94. 〔明〕宋濂著：《諸子辨》，收入《古書辨偽四種》，見王雲五主編《國學基本叢書》（臺北：臺灣商務印書館 1968 年）。

95. 〔清〕黃宗羲撰：《宋元學案》，收入王雲五主編《萬有文庫薈要》（臺北：臺灣商務印書館，1965 年）。

96. 〔清〕黃宗羲撰：《易學象數論》，收入王雲五主編：《四庫全書珍本》（臺北：臺灣商務印書館，1976 年據國立故宮博物院所藏文淵閣本影印）。

97. 〔清〕毛奇齡著：《春秋占筮書》（臺北：廣文書局，1974 年）。

98. 〔清〕毛奇齡撰：《春秋毛氏傳》，收入景印《文淵閣四庫全書·經部 170·春秋類》第 176 冊（臺北：臺灣商務印書館，1983 年）。

99. 〔清〕毛奇齡撰：《易小帖》，收入景印《文淵閣四庫全書·經部 35·易類》第 41 冊（臺北：臺灣商務印書館，1985 年）

100. 〔清〕惠棟撰：《春秋左傳補註》，收入景印《文淵閣四庫全書·經部 175·春秋類》第 181 冊（臺北：臺灣商務印書館，1983 年）。

101. 〔清〕惠棟撰:《易例》,收入嚴靈峯編輯:《無求備齋易經集成》第 150 冊(臺北:成文出版社,1976 年據〔清〕乾隆四十年張錦芳校刊本影印)。

102. 〔清〕李貽德撰:《春秋左氏傳賈服注輯述》,收入《續修四庫全書·經部·春秋類》第 125 冊(上海:上海古籍出版社,1995 年據浙江圖書館藏〔清〕同治五年朱蘭刻本影印)。

103. 〔清〕江永撰:《羣經補義》,收入景印《文淵閣四庫全書·經部 188·五經總義類》第 194 冊(臺北:臺灣商務印書館,1983 年)。

104. 〔清〕胡渭撰:《易圖明辨》,收入嚴靈峯編輯:《無求備齋易經集成》第 145 冊(臺北:成文出版社,1976 年據清道光 24 年刊「守山閣叢書」本影印)。

105. 〔清〕胡渭撰:《洪範正論》,收入景印《文淵閣四庫全書·經部 62·書類》第 68 冊(臺北:臺灣商務印書館,1983 年)。

106. 〔清〕閻若璩撰:《尚書古文疏證》,收入景印《文淵閣四庫全書·經部 60·書類》第 66 冊(臺北:臺灣商務印書館,1983 年)。

107. 〔清〕李道平撰:《易筮遺占》,收入嚴靈峯編輯:《無求備齋易經集成》154 冊(臺北:成文出版社,1976 年據清光緒十七年刊《湖北叢書》本影印)。

108. 〔清〕劉寶楠著:《論語正義》,收入王雲五主編:《萬有文庫薈要》(臺北:臺灣商務印書館,1965 年)。

109. 〔清〕顧炎武著:《日知錄》,收入王雲五主編:《國學基本叢書》(臺北:臺灣商務印書館,1956 年)。

110. 〔清〕趙翼撰:《陔餘叢考》,收入《續修四庫全書·子部·雜家類》1152 冊(上海:上海古籍出版社,1995 年)。

111. 〔清〕朱彝尊原著,林慶彰、楊晉龍等編審,侯美珍等點校:《點校補正經義考》第四冊(臺北:中央研究院中國文哲研究所,2004 年)。

112. 〔清〕永瑢等編撰:《四庫全書總目》(臺北:藝文印書館,1964 年)。

113. 〔清〕全祖望著:《經史問答》,收入沈雲龍選輯:《明清史料彙編》(臺北:文海出版社,1969 年)。

114. 〔清〕全祖望撰:《經史問答》,收入《續修四庫全書·子部·雜家類》第 1147 冊(上海:上海古籍出版社,1995 年據清乾隆三十年刻本影印)。

115. 〔清〕謝濟世撰:《易在》(上海:上海圖書館藏手稿本,雍正壬子(1732年)仲秋桂林謝濟世梅莊甫識於察翰叟營中)。

116. 〔清〕錢大昕著:《潛研堂文集》,見王雲五主編:《國學基本叢書》(臺北:臺灣商務印書館,1968 年)。

117. 〔清〕錢大昕撰:《十駕齋養新錄》(臺北:臺灣中華書局,1966 年據潛研堂本校刊)。

118. 〔清〕任啓運撰：《周易洗心》，收入景印《文淵閣四庫全書・經部 45・易類》第 51 冊（臺北：臺灣商務印書館，1983 年）。

119. 〔清〕崔述著：《洙泗考信錄》（北京：中華書局，1985 年）。

120. 〔清〕馬國翰著：《目耕帖》，收入《玉函山房輯佚書》第 5 冊（臺北：文海出版社，1952 年）。

121. 〔清〕王引之著：《經傳釋詞》，收入《續修四庫全書・經部・小學類》第 195 冊（上海：上海古籍出版社，1995 年據復旦大學圖書館藏〔清〕嘉慶 24 年刻本影印）。

122. 〔清〕戴震撰：《東原文集》，收入《戴東原先生全集》（臺北：大化書局，1978 年據「民國 25 年安徽叢書編印處印行本」景印）。

123. 〔清〕馬瑞辰撰：《毛詩傳箋通釋》，收入《續修四庫全書・經部・詩類》第 68 冊（上海：上海古籍出版社，1995 年據〔清〕道光 15 年馬氏學古堂刻本影印）。

124. 〔清〕胡承珙撰：《毛詩後箋》，收入《續修四庫全書・經部・詩類》備 67 冊（上海：上海古籍出版社，1995 年據南京圖書館藏〔清〕道光 17 年求是堂刻本影印）。

125. 〔清〕黃奭輯：《通緯》，收入《漢學堂經解》第 3 冊（揚州：廣陵書社，2004 年）。

126. 〔清〕姚鼐撰：《惜抱軒文後集》，收入《惜抱軒全集》（臺北：臺灣中華書局，1966 年）。

二、專書（以作者姓氏筆畫爲序）

1. 于省吾著：《澤螺居詩經新證》（北京：中華書局出版，1982 年）。

2. 王國維著：《王觀堂先生全集》第 5 冊（臺北：文華出版公司，1968 年）。

3. 王宇信著：《西周甲骨探論》（臺南：成功大學館藏本，出版項不詳）。

4. 王宇信著：《甲骨學通論》（北京：中國社會科學出版社，1989 年）。

5. 朱興國著：《三易通義》（濟南：齊魯書社，2006 年）。

6. 何儀琳著：《戰國文字通論》（北京：中華書局，1989 年）。

7. 何儀琳著：《戰國文字通論訂補》（南京：江蘇教育出版社，2003 年）。

8. 李學勤著：《周易經傳溯源》（北京：中國社會科學出版社，2007 年）。

9. 李零著：《中國方術續考》（北京：中華書局，2007 年）。

10. 余嘉錫著：《古書通例》（臺北：丹青圖書有限公司，1986 年）。

11. 尚秉和撰：《周易古筮攷》（北京：中國書店，1995 年）。

12. 季羨林著：《中國文化與東方文化》，收入季羨林主編《季羨林文集》（江

西：江西教育出版社，2008 年）。

13. 林忠軍著：《象數易學發展史》（第一卷）（濟南：齊魯書社，1994 年）。

14. 林忠軍著：《象數易學發展史》（第二卷）（濟南：齊魯書社，2002 年）。

15. 范祥雍著：《古本竹書紀年輯校訂補》（上海：上海人民出版社，1962 年）。

16. 高亨著：《周易雜論》，（濟南：齊魯書社，1981 年）。

17. 高亨著：《周易古經今注》（北京：中華書局，1989 年）。

18. 高振鐸著：《古籍知識手冊》第 3 冊（臺北：萬卷樓圖書股份有限公司，
2004 年）。

19. 袁梅著：《詩經譯注》（濟南：齊魯書社，1985 年）。

20. 陳夢家著：《漢簡綴述》（北京：中華書局，1980 年）。

21. 章秋農著：《周易占筮學》（杭州：浙江古籍出版社，1999 年）。

22. 梁啓超著：《中國歷史研究法五種》（臺北：里仁書局，1982 年）。

23. 張心澂著：《偽書通考》，收入嚴靈峯編輯：《無求備齋易經集成》第 192
冊（臺北：成文出版社，1976 年）。

24. 張心澂著：《偽書通考》（臺北：明倫出版社，1970 年）。

25. 傅隸樸著：《春秋三傳比義》下冊（臺北：臺灣商務印書館，1983 年）。

26. 黃忠天著：《周易程傳註評》（高雄：復文圖書出版社，2004 年）。

27. 程南洲著：《春秋左傳賈逵注與杜預注之比較研究》（臺北：文津出版社，
1982 年）。

28. 董作賓著：《甲骨文斷代研究例》（臺北：中央研究院歷史語言研究所，
1965 年）。

29. 楊樹達著：《周易古義》，收入嚴靈峯編輯《無求備齋易經集成》第 107
冊（臺北：成文出版社，1976 年）。

30. 楊樹達著：《詞詮》（臺北：臺灣商務印書館，1987 年）。

31. 楊伯峻著：《春秋左傳注》上冊（高雄：高雄復文書局，1991 年）。

32. 楊伯峻著：《春秋左傳注》下冊（高雄：復文圖書出版社，1991 年）。

33. 楊伯峻著：《列子集釋》，收入嚴靈峯編輯：《無求備齋老列莊三子集成補
編》（臺北：成文出版社，1982 年據民國 69 年北平中華書局增訂排印本
影印）。

34. 楊維傑著：《黃帝內經靈樞譯解》（臺北：志遠書局，1999 年）。

35. 裴學海著：《古書虛字集釋》（臺北：廣文書局，1962 年）。

36. 劉大鈞著：《周易概論》（濟南：齊魯書社，1988 年）。

37. 劉翔等著，李學勤審訂：《商周古文字讀本》（北京：語文出版社，2002
年）。

38. 羅振玉著：《殷虛書契考釋》（臺北：藝文印書館，1969 年）。

39. 嚴靈峯著：《馬王堆帛書老子試探》，收入嚴靈峯編輯：《無求備齋老列莊三子集成補編》第 8 冊（臺北：成文出版社，1982 年）。

40. 嚴靈峯著：《列子辯誣及其中心思想》（臺北：文史哲出版社，1994 年）。

41. 鐘肇鵬著：《讖緯論略》（沈陽：遼寧教育出版社，1995 年）。

42. 顧實著：《重考古今僞書考》（上海：上海大東書局，1928 年）。

三、論文集（以作者姓氏筆畫爲序）

1. 于豪亮：〈帛書《周易》，收入黃壽祺、張善文：《周易研究論文集》（北京：北京師範大學出版社，1987 年），頁 613～640。

2. 王明欽：〈試論《歸藏》的幾個問題〉，收入古方編：《一劍集》（北京：中國婦女出版社，1996 年），頁 101～112。

3. 李學勤：〈續論西周甲骨〉，收入《西周史研究》（人文雜志叢刊第二輯）（西安：人文雜志社編輯部，1984 年），頁 68～72。

4. 李鏡池：〈《左》《國》中《易》筮之研究〉，收入顧頡剛著：《中國古史研究》第 3 冊（臺北：光復書局，1985 年），頁 171～187。

5. 李鏡池：〈周易筮辭考〉，收入顧頡剛著：《中國古史研究》第 3 冊（臺北：光復書局，1985 年），頁 187～251。

6. 余永梁：〈《易》卦爻辭的時代及其作者〉，收入黃壽祺、張善文：《周易研究論文集》（北京：北京師範大學出版社，1987 年），頁 157～178。

7. 林麗雪：〈董仲舒〉，收入王壽南總編輯：《中國歷代思想家》第 2 冊（臺北：臺灣商務印書館，1999），頁 897～1000。

8. 高明：〈《連山》《歸藏》考〉，收入黃壽祺、張善文：《周易研究論文集》（北京：北京師範大學出版社，1987 年），頁 110～131。

9. 馬敍倫：〈列子僞書考〉，收入顧頡剛著：《中國古史研究》第 4 冊（臺北：光復書局，1985 年），頁 520～529。

10. 郭沂：〈從早期《易傳》到孔子易説──重新檢討《易傳》成書問題〉，收入朱伯崑主篇：《國際易學研究》第 3 輯（北京：華夏出版社，1997 年），頁 129～159。

11. 許抗生：〈《列子》考辨〉，收入陳鼓應先生主編：《道家文化研究》第一輯（臺北：文史哲出版社，2000 年），頁 344～358。

12. 陳全方：〈陝西岐山鳳雛村西周甲骨文概論〉，收入《四川大學學報叢刊》第 10 輯《古文字研究論文集》（成都：四川大學學報編輯部，1982 年），頁 305～434。

13. 程石泉：〈周易成卦及春秋筮法〉，收入林尹等著：《易經論文集》（臺北：

黎明文化事業公司，1981 年），頁 179～204。

14. 鄭良樹：〈東周筮法質疑〉，收入鄭良樹、魏維賢主編：《新社學術論文集》第一輯（新加坡：新加坡新社，1978 年），頁 115～128。

15. 顧頡剛：〈五德終始説下的政治和歷史〉，收入顧頡剛著：《中國古史研究》第 5 冊（臺北：光復書局，1985 年），頁 404～617。

四、論文（以作者姓氏筆畫爲序）

（一）學位論文

1. 李國璽：《由春秋時期的筮策占斷論《易經》的詮釋與運用》（中壢：國立中央大學哲學研究所碩士論文，2000 年）。

2. 肖滿省：《從《左傳》、《國語》看春秋卜筮之道與《易》學的關係》（福州：福建師範大學中國古代文學碩士論文，2007 年）。

3. 王永平：《先秦的卜筮與《周易》研究》（長春：吉林大學古籍研究所博士論文，2007 年）。

（二）期刊論文

1. 丁鼎、薛立芳：〈試論「讖」與「緯」的區別〉，《上海師範大學學報》（哲學社會科學版）第 33 卷第 2 期（2004 年 3 月），頁 107～110。

2. 于茀：〈包山楚簡中的數字卦〉，《北方論叢》2005 年第 2 期，頁 1～3。

3. 于茀：〈戰國簡卦畫問題再探討〉，《北方論叢》2008 年第 2 期，頁 1～4。

4. 山西省文物管理委員會：〈山西洪趙縣坊堆村古遺址墓群清理簡報〉，《文物參考資料》第 4 期（北京：文化部社會文化事業管理局，1955 年），頁 46～54。

5. 王寧：〈秦墓《易》占與《歸藏》之關係〉，《考古與文物》2000 年 1 期，頁 49～55。

6. 史善剛：〈數字卦與簡帛易〉，《中州學刊》第 6 期（2005 年 11 月），頁 145～149。

7. 余培林：〈《左傳》、《國語》「之八」舊説質疑〉，《中國學術年刊》第 29 期（秋季號）（2007 年 9 月），頁 1～12。

8. 李學勤：〈談安陽小屯以外出土的有字甲骨〉，《文物參考資料》第 11 期（北京：中國古典藝術出版社，1956 年），頁 16～17。

9. 李炳海：〈《左傳》夢象與恐懼心理〉，《社會科學戰線》2007 年第 5 期，頁 94～97。

10. 汪高鑫：〈「三統」説與董仲舒的歷史變易思想〉，《齊魯學刊》2002 年第 3 期，頁 96～102。

11. 余世存：〈叔孫豹造化弄人〉，《英才商業雜志》第 12 期（2008 年 12 月），頁 132～133。

12. 何晉：〈《左傳》賈、服注與杜注比較研究〉，見袁行霈主編：《國學研究》第四卷（北京：北京大學出版社，1997 年），頁 63～96。

13. 吳名崗：〈孫子對《周易》軍事思想之吸納〉，《濱州學院學報》24 卷第 1 期（2008 年 2 月），頁 6～9。

14. 吳前衡：〈春秋《易》文本〉，《中國文化月刊》第 200 期（1996 年 6 月），頁 53～67。

15. 吳前衡：〈春秋《易》文本〉，《周易研究》1997 年第 1 期，頁 16～24。

16. 吳前衡：〈春秋筮法〉，《中國哲學史》1996 年第 4 期，頁 54～61。

17. 吳前衡：〈春秋筮法〉，《中國文化月刊》第 200 期（1996 年 6 月），頁 32～51。

18. 林忠軍：〈王家臺秦簡《歸藏》出土的《易》學價值〉，《周易研究》2001 年第 2 期，頁 3～12。

19. 周少豪：〈先秦卜筮探論〉，《長榮大學學報》第 11 卷第 1 期（2007 年），頁 65～105。

20. 俞志慧：〈《國語·晉語四》「貞屯悔豫皆八」爲宜變之爻與不變之爻皆半說〉，《中國哲學史》2007 年第 4 期，頁 68～76。

21. 俞志慧：〈《國語·晉語八》韋昭注辨正〉，《古籍整理研究學刊》2008 年 3 月第 2 期，頁 58～65。

22. 俞志慧：〈《國語》韋昭注辨正〉，《紹興文理學院學報》第 29 卷第 3 期（2009 年 5 月），頁 66～70。

23. 荊州市博物館：〈王家臺 15 號秦墓〉，《文物》1995 年第 1 期，頁 37～43。

24. 孫國珍：〈《周易》與占筮〉上篇，《內蒙古電大學刊》（哲學社會科學版）第 2 期（1994 年 2 月）頁 1～7。

25. 郭曉東：〈《定性書》研究二題〉，《哲學與文化》28 卷 9 期（2001 年 9 月），頁 817～829。

26. 郭彧：〈《易數鉤隱圖》作者等問題辨〉，《周易研究》2003 年第 2 期，頁 49～55。

27. 張朋：〈數字卦與占筮—考古發現中的筮法及相關問題〉，《周易研究》2007 年第 4 期，頁 7～12。

28. 張圖雲：〈《周易》揲扐算法結果數的出現概率及考古應用〉，《貴州教育學院學報》第 23 卷第 6 期（2007 年 12 月），頁 46～50。

29. 陳貴麟：〈《左傳》「艮之八」與「艮之隨」的關係〉，《大陸雜誌》第 92 卷第 2 期（1996 年 2 月），頁 1。

30. 陳夢家：〈解放後甲骨的新資料和整理研究〉，《文物參考資料》第 5 期（北京：中央人民政府文化部社會文化事業管理局，1954 年），頁 3～13。

31. 張端穗：〈董仲舒思想中三統說的內涵、緣起及意義〉，《東海中文學報》第 16 期（2004 年 7 月），頁 55～103。

32. 程二行、彭公璞：〈《歸藏》非殷人之《易》考〉，《中國哲學史》2004 年第 2 期，頁 100～107。

33. 程曦：〈貞悔考釋〉，《安慶師範學院學報》第 21 卷第 1 期（2002 年 1 月），頁 48～51。

34. 黃開國：〈春秋時期的《易》筮〉，《玉溪師範學院學報》第 20 卷 2004 年第 11 期，頁 20～27。

35. 楊權：〈讖緯研究述略〉，《中國史研究動態》2001 年第 6 期，頁 12～22。

36. 虞萬里：〈獻《古文尚書》者梅頤名氏地望辨證〉，《文史》第 4 輯（總第 69 輯）（北京：中華書局，2004 年），頁 253～256。

37. 廖名春：〈王家臺秦簡《歸藏》管窺〉，《周易研究》2001 年第 2 期，頁 13～19。

38. 趙宗乙：〈「晏朝」、「晏食」正解〉，《泉州師範學院學報》第 23 卷第 1 期（2005 年 1 月），頁 57～59。

39. 趙振鐸：〈呂忱《字林》二三事〉，《辭書研究》2007 年 2 期，頁 131～138。

40. 管宗昌：〈《列子》偽書說述評〉，《古籍整理研究學刊》第 5 期（2006 年 9 月），頁 11～16。

41. 歐陽維誠：〈《左傳》《國語》中變占新考〉，《長沙水電師院學報》第 6 卷第 4 期（1991 年 11 月），頁 61～65。

42. 劉彬：〈《易緯》八卦卦氣思想初探〉，《周易研究》2004 年第 6 期，頁 22～27。

43. 轟玉海：〈《左傳》記載的《周易》應用情況〉，《殷都學刊》第 2 期（1997 年 2 月），頁 24～25。

44. 韓慧英：〈《左傳》、《國語》筮數「八」之初探〉，《周易研究》2002 年第 5 期，頁 42～47。

（三）研討會論文

1. 季旭昇著：〈古文字中的《易》卦材料〉，發表於「《周易》《左傳》國際學術研討會（中國經學研究會第一屆學術研討會）」（臺北：臺灣大學第二學生活動中心國際會議廳，1999 年 5 月 8～9 日）。

2. 廖名春著：〈《左傳》、《國語》易筮言「八」解〉，發表於「中山人文思想暨第六屆海峽兩岸《周易》學術研討會」（臺北：國父紀念館，2009 年 11 月 28～29 日）。

（四）報紙暨電子文獻

1. 「中華姓氏源流通譜」
   網址：http://blog.nownews.com/s1681688/textview.php?file=63885

2. 「維基百科」網址：http://zh.wikipedia.org/wiki/晉文公

3. 「山西省文物局」
   網址：http://www.sxcr.gov.cn/wmsx/show.php?itemid=1405

4. 董光璧著：〈中國古代的宇宙觀〉，《學習時報》第 5 版（知識時代），2001年 6 月 4 日。